高雄研究叢刊 第1種

孔邁隆教授

美濃與客家研究論集（下）

客家的法人經濟、宗教、語言與認同

作者 孔邁隆 Myron L. Cohen

編審 鍾秀梅

校訂 徐雨村

高雄研究叢刊序

　　高雄地區的歷史發展，從文字史料來說，可以追溯到 16 世紀中葉。如果再將不是以文字史料來重建的原住民歷史也納入視野，那麼高雄的歷史就更加淵遠流長了。即使就都市化的發展來說，高雄之發展也在臺灣近代化啟動的 20 世紀初年，就已經開始。也就是說，高雄的歷史進程，既有長遠的歲月，也見證了臺灣近代經濟發展的主流脈絡；既有臺灣歷史整體的結構性意義，也有地區的獨特性意義。

　　高雄市政府對於高雄地區的歷史記憶建構，已經陸續推出了『高雄史料集成』、『高雄文史采風』兩個系列叢書。前者是在進行歷史建構工程的基礎建設，由政府出面整理、編輯、出版基本史料，提供國民重建歷史事實，甚至進行歷史詮釋的材料。後者則是在於徵集、記錄草根的歷史經驗與記憶，培育、集結地方文史人才，進行地方歷史、民俗、人文的書寫。

　　如今，『高雄研究叢刊』則將系列性地出版學術界關於高雄地區的人文歷史與社會科學研究成果。既如上述，高雄是南臺灣的重鎮，她既有長遠的歷史，也是臺灣近代化的重要據點，因此提供了不少學術性的研究議題，學術界也已經累積有相當的研究成果。但是這些學術界的研究成果，卻經常只在極小的範圍內流通而不能為廣大的國民全體，尤其是高雄市民所共享。

　　『高雄研究叢刊』就是在挑選學術界的優秀高雄研究成果，將之出版公諸於世，讓高雄經驗不只是學院內部的研究議題，也可以是大家共享的知識養分。

　　歷史，將使高雄不只是一個空間單位，也成為擁有獨自之個性與意義的主體。這種主體性的建立，首先需要進行一番基礎建設，也需要投入一些人為的努力。這些努力，需要公部門的投資挹注，也需要在地民間力量的參與，當然也期待海內外的知識菁英之加持。

　　『高雄研究叢刊』，就是海內外知識菁英的園地。期待這個園地，在很快的將來就可以百花齊放、美麗繽紛。

國史館館長

導論　我所理解的孔邁隆與其學術

國立成功大學臺灣文學系副教授　鍾秀梅

關於孔邁隆教授和其研究養成

　　孔邁隆（MyronL.Cohen）教授在我還未出生時，便是我們客家夥房的一員。1963年，經由鄰村龍肚庄的服職於中研院的研究員黃福慶先生的介紹，到了我們村莊，做了為期2年的田野，從此與美濃結下深厚的情誼。我於他回美國之後一年（1966年）出生，他留下大量的照片，重新連接在此後出生的大崎下人，對於1960年代村莊的生態環境、宗教民俗、經濟生產、宗族與庄民的生活的記憶的連接與理解。1965年6月14日一張「歡送孔邁隆先生回國留念」的照片，完整的記錄了當時他在大崎下田野工作中與同村人所建立的友誼，照片中有各家戶長代表（重要的男性成員），唯一的女性成員則是當時握有權力的劉姓家族女戶長。我的伯公、祖父、叔公三兄弟和父親、叔叔也完整的入鏡。

　　我的父親鍾紹坤是孔教授的報導人，經常載著他出入美濃田野，偶而我父親在農閒時也會跟著孔先生到臺北玩，投宿在他的日本宿舍。孔教授留下完整的大崎下文化、社會經濟與政治生活的照片，相關內容有禾埕活動、種菸、建醮、生日、婚禮、掛紙（掃墓）、喪事等。我媽媽常回憶說，有時到龜山的田裡，距離太遙遠，就會搖醒孔先生借他的腳踏車，趕去幾公里遠的田地勞動。大姊多次回憶且汗顏的說，當孔先生踏進夥房時，她很大聲的喊說：「阿美仔來了！」只不過10歲大的她，因此受到了大人的譴責。至今，鎮裡還流傳孔先生一口吃下豆腐乳表情豐富的模樣的故事。

　　孔邁隆是1960年代少數到臺灣客家地區研究的著名漢學家，目前是哥倫比亞大學東亞研究所所長、「衛德漢東亞研究中心」（Weatherhead East Asian Institute）執行長。他留下大量的美濃影像、地契與珍貴文件，其著作豐富，致力與田野研究近45年。畢生重要的研究都與美濃相關，論文

如〈美濃的契約：圖解、謄寫、翻譯、評論與敘說〉（"Minong's Contracts: Il-lustrations, Transcriptions, Translations, Commentary, and Narrative"）、〈晚清的美濃：地方社會與國家力之所及〉（"Minong in Late Imperial China: Local Society and the Reach of the State"）與 1970 年代重要專書《家的合與分——臺灣的漢人家庭制度》（*House United, House Divided: The Chinese Family in Taiwan*）。

孔邁隆美濃研究的中文譯介不多，其中《家的合與分——臺灣的漢人家庭制度》中的〈婚禮與婦女〉收入《美濃鎮誌》（1996），有 3 篇論文分別是〈中國家庭與現代化：傳統與適應的結合〉放入喬健、李沛良等編的《中國家庭及其變遷》（1991），〈晚清帝國契約的構建之路——以臺灣地區瀰濃契約文件為例〉收錄於曾小萍等編的《早期近代中國的契約與產權》（2011），〈晚清瀰濃庄行政管理制度探討〉收於國家圖書館漢學中心《社會、民族與文化展演國際研討會論文集》。

在美濃人皆稱「孔仔」、「阿美仔」的孔邁隆的出身，同歷史上經歷幾次客家大移民的流離感（a sense of Diaspora）相近，無論移居何處都是相對少數族群。他的父母親皆為猶太人，母親出生時的身分還是鄂圖曼土耳其帝國底下的耶路撒冷人（Jerusalem），一次世界大戰之後，鄂圖曼土耳其帝國崩潰，英國輕而易舉拿下耶路撒冷，所幸外祖父在戰爭之前便跑到美國，之後以猶太教教士（rabbis）為業。外祖母在耶路撒冷便已去世，母親從小只好在當地孤兒院長大，後來外祖父在美國再婚後才把母親接到美國，那時戰爭已經結束。[1]

孔邁隆的父親是波蘭的猶太人，祖父是個工人，孔邁隆在 4 歲時，二戰就已開始，對於戰爭有一點點記憶。孔邁隆的中學時期對體質人類學發生了興趣，好奇人類與猿猴的差別，同時也涉獵了美國國內原住民人類學（印地安人）的系統知識。哥倫比亞大學人類系奠定了孔邁隆以人類

---

[1] 以下根據我對孔邁隆教授的訪談，訪談時間約 2014 年 2 月 27 日，高雄歷史博物館。

學做為志業的養成與基底，該學系吸收了美國國內學人與戰後流亡或移居美國的優秀的社會人文學者，孔邁隆受到馬文‧哈里斯（Marvin Harris）、康那得‧阿林斯伯格（Conrad M. Arensberg）和莫里斯‧傅利曼（Maurice Freedman）教授影響甚鉅。

　　哥倫比亞大學人類系創立了美國第一個人類學系博士學位學程，創立者是具德國猶太裔背景的法蘭茲‧鮑亞士（Franz Boas），該系設置以文化人類學和體質人類學、語言學和考古學為主。[2] 孔邁隆以文化人類學著重田野與非西方文化研究為畢生研究志業，身為西方人長期在華人社會從事研究。我想就哈里斯的社會科學方法論的認識、阿林斯伯格的農民家庭研究和村落研究的觀點和傅利曼的華人社會和親屬關係的研究等，來理解孔邁隆豐富的社會人文學術養成與研究的驅動力。

　　哈里斯著作等身，簡直是百科全書式的學者，他能夠把全世界民族、文化、信仰、習慣等融會貫通在不同的主題研究，不限於較為狹隘的個案研究上。其著作翻譯成中文有《什麼都能吃！令人驚異的飲食文化》、《我類：我們是誰？我們從哪裡來？我們往何處去？》、《文化唯物主義》等，英文著作超過 20 本。

　　哈里斯在方法論上有其獨到的見解，他認為源於 16 世紀把實驗和觀察的權威提高到理性、直覺和常規的權威之上，有其歷史生成的原因；在此之前形而上哲學和基督教神學為一切知識的標的，科學不曾對它質疑，然而，啟蒙主義革命性的影響，西方學術界開啟了社會科學方法論的思維變革，其發展包括培根的歸納主義、休謨的經驗主義、孔德的實證主義和維也納的操作主義等。[3]

2　哥倫比亞大學人類系官方網站：http://anthropology.columbia.edu/。
3　馬文‧哈里斯（Marvin Harris），《文化唯物主義》（北京：華夏出版社，1989）。

　　哈里斯認為培根的歸納主義的核心在於把收集事實和把事實歸納成為理論的安排，因此經常受到「我思故我在」的演繹法的挑戰。哈里斯進一步強調：「科學總是包含著經驗主義和理性主義之間的相互作用，任何一方或另一方劃出界線的企圖與實際的科學實踐相抵觸。」[4]

　　對於 18 世紀英國的哲學家休謨的經驗主義，哈里斯認為其貢獻在於其反對形而上哲學與歸納法，相信科學是優於長期宰制人類迷信與教條的認識方法，為 19 世紀與 20 世紀的實證主義奠下基礎。因此，哈里斯認為社會學創始人孔德，讓科學超越上帝、靈魂和永恆本質的無益辯論，相信思想行動建立在經過充分檢驗、系統化的實證的知識基礎上。[5]

　　哈里斯當然也不同意維也納的操作主義排除了社會和人類行為不明確的概念，諸如地位、角色、上下級、團體、制度、階級、等級、部落、國家、宗教、公社、侵略、剝削、經濟、親屬關係、家庭、社會、文化等不可操作的概念。[6]他認為上述科學概念屬於菁英，應該要考量將社會大眾通俗的信念列入科學研究的範疇，例如科學與宗教並沒有衝突的必要。[7]

　　哈里斯肯定西方社會科學的方法論帶給世界的成就，但是他反省到歐洲中心主義的學科範式也造成種族中心主義、帝國主義、霸權排他的認識論的發展。此意識型態所塑造的侵略狂與救世主之觀點，會不顧一切消滅對方乃至全世界。因此他關切的是科學的理想性，能否建立超越相互敵對

4　馬文・哈里斯（Marvin Harris），《文化唯物主義》，頁 7。

5　同上註，頁 8。

6　同上註，頁 16。

7　馬文・哈里斯，《文化唯物主義》。1920 年代的維也納學派係源於奧地利首都維也納的一個學術團體。其成員主要包括領袖人物石里克、魯道夫・卡爾納普、紐拉特、費格爾、漢恩、伯格曼、弗蘭克、韋斯曼、哥德爾，等等。這些人的背景是物理學家、數學家和邏輯學家。受 19 世紀德國實證主義傳統影響，和維根斯坦《邏輯哲學論》的啟發，維也納學派提出兩點主張：一，拒絕形上學，認為經驗是知識唯一可靠來源；二，只有通過運用邏輯分析的方法，才可最終解決傳統哲學問題。參考洪謙，《邏輯經驗主義論文集》（香港：三聯書店【香港】有限公司，1990）。

的部落、民族、階級種族團體和宗教團體的科學，[8]他博學多聞，認為愛好和平的藝術家、哲學家與人類學家可以扮演另類的角色來發揮理想的科學。

　　另一位影響孔邁隆重要的人類學家是阿林斯伯格。阿林斯伯格在 1930 年代在哈佛大學完成博士學位（1934），他在 1937 年出版第一本書《愛爾蘭的村民》（*The Irish Countryman*），這本專書讓文化人類學者杜寶婭（Cora Du Bois）形容為愛爾蘭農民的家庭研究的古典功能性敘述，其中內容包括土地改革、人口減少、財富增加、移民、高比率的成年未婚人口、晚婚又多產比率、高老人層、工匠的消失等，[9]對往後從事農村研究的學者建立了範式。孔邁隆的《家的合與分》（*House United, House Divided*）一書中就村落社會、人口與經濟結構的分析，確有吻合杜寶婭的定論。

　　此後 10 年，阿林斯伯格推進了人類學的調查研究，從異國情調的前現代社會領域轉移成複雜工業化文化領域，建立了應用人類學，解決社會問題。他有句名言：「人類學當做服務，人類學做為理論，可以且能夠彼此交錯發展」（anthropology as service, and anthropology as theory, can and do inter-fertilize）。他鼓勵人類學家以專業的訓練介入社會與理論工作，這樣的投入可衝擊變化中的主題與事務，讓當代民族誌變得健康，並使社會科學更成熟，[10]不管是哈里斯或阿林斯伯格一生致力於跨學科的教育與對話，影響了好幾代的人類學家。

　　阿林斯伯格在 1940 年代重要的著作有《丈量人類關係》（*Measuring Human Relations*），側重非口語行為，探知非文字溝通與思考的社會關係。二戰期間，他服美國兵役，參與了重要的中途島戰役，此戰役扭轉了美國戰勝的契機。戰後，他成為聯合國教科文組織（UNESCO）社會科學院的

8　馬文・哈里斯，《文化唯物主義》，頁 32-33。

9　Lambros Comitas, "Remembering Cornelius Wright Arensburg," *Cultural Equlity Journal*, http://www.culturalequity.org/alanlomax/ce_alanlomax_profile_arensburg.php

10　Lambros Comitas, "Remembering Cornelius Wright Arensburg," *Cultural Equlity Journal*, http://www.culturalequity.org/alanlomax/ce_alanlomax_profile_arensburg.php

執行長，從 1949 至 1950 年期間，他受著名的人類學家瑪格麗特·米德（Margaret Mead）的邀請，到哥倫比亞大學擔任東歐猶太人研究計畫主持人。[11]

阿林斯伯格和著名的政治經濟學家博蘭尼一起研究古代帝國的經濟，對比現代的市場經濟方法，並在 1957 年出版《早期帝國的商業市場》（*Trade Markets in the Early Empires*）。他也研究全世界維生經濟與社會結構之下的民歌與舞蹈。阿林斯伯格在 1960 年代繼續關注工業化社會與文化，他於 1964 年和亞瑟·尼霍夫（Arthur Niehoff）合著《介紹社會改變》（*Introducing Social Change*），此書意圖面對美國乃至全世界受到 1960 年代青年、女性主義、原住民與黑人民權運動的衝擊，如何回應美國社會科學學科和少數族裔與弱勢建立文化與相互改變的可能？他認為政治學、歷史學，乃至經濟學課程，如果要介紹到窮人社區是不管用的，他所推進的應用人類學，就擔任起此使命。

阿林斯伯格為何投入研究非西方社會和少數族群，看法如下：

> 人類學被選擇成可以生產手冊指南的訓練，因為此學科比其他學科更關注非西方或少數族群的研究和人類總體生活的理解。如此深層的發展也許讓人類學組織有用的資料，給其他學科參考，並提供比較的觀點。人類學的田野過程，原先就是儘快與儘可能發現與描述非西方生活，此學科概念被發展成為提供多樣生活的認識。[12]

阿林斯伯格活躍於窮人社區與少數族群，同年（1964），他與索隆金博（Solon T. Kimball）合作出版《文化與社群》（*Culture and Community*），闡釋對社群（community）的發現與深刻的研究意涵，鼓舞著學子熱情參與其中，他們認為社區是社會「主要的組織或是主要的社會系統；是通向社會

11　*Framed Anthropology*, Record, vol. 22, no. 15, Feb 21,1997, Columbia University published.

12　Conrad M. Arensberg and Arthur H. Niehoff, *Introducing Social Change: A Manual for Community Development* (Chicago: Aldine Publishing Company, 1994), pp. 9-10.

的鑰匙；是模式，真的，也許是文化最重要的模式……社區展現的，從這幾年的研究中發現，社區成為主要的連接，也許在文化與社會連接之間主要的決定因素。」[13]

阿林斯伯格曾擔任 1981 年美國人類學會主席，1991 年得到馬林洛夫斯基應用人類學獎，此獎為人類學領域莫大成就。[14] 雖然孔邁隆未必實踐阿林斯伯格的「社群介入」的理想，但是「深蹲社群」的田野態度還是相近的。

孔邁隆在訪談中透露，研究中國家族與社會的社會學家傅利曼對他的影響較大。傅利曼在新加坡的華人家族研究影響了孔邁隆對中國的思考。傅利曼比孔邁隆早一代人，和阿林斯伯格 3 人都是猶太人。他出生於倫敦，社會學背景，1948 年的倫敦政經學院的碩士論文是〈在東南亞的種族關係社會學：特別參照於英屬馬來亞〉("The Sociology of Race Relations on Southeast Asia with Special Reference to British Malaya")。他與太太朱迪恩・潔莫（Judith Djamour）在 1949 年申請「殖民地社會科學研究會」（Colonial Social Science Research Council）到新加坡作華人調查，集結出版《新加坡華人的家庭與婚姻》一書。

在此之前，傅利曼夫妻的田野與研究大致圍繞在東南亞華人社會。然而，1958 年他所出版的《東南中國的親屬組織》（*Chinese Lineage and Society: Fukien and Kwangtung*）一書，卻轉移到香港新界區。有別於過往西方人類學純理論的探討漢人親屬血脈（宗親）關係（他形容這類學者是安樂椅上的人類學家），傅利曼非常有自信地宣稱他的田野的完整性。他於

13　Lambros Comitas, "Remembering Cornelius Wright Arensburg," *Cultural Equlity Journal*, http://www.culturalequity.org/alanlomax/ce_alanlomax_profile_arensburg.php 原文是：a master institution or master social system; a key to society; and a model, indeed perhaps the most important model of culture...that the community has shown itself, in the research of recent years, to be a main link, perhaps a major determinant, in the connections between culture and society.

14　同上註。

1960、1965 年分別在耶魯大學、康乃爾大學任教，這段期間正好是孔邁隆大學到研究所求學期間。[15]

特別一提的是朱迪恩・潔莫也是倫敦政經學院人類學博士，著有《新加坡馬來亞人的親屬關係與婚姻》。潔莫博士於 2009 年逝世後，傅利曼的學生香港中文大學東亞研究中心前主席裴達禮教授（Prof. Hugh Baker）和傅氏伉儷的遺產管理人王斯福（Stephen Feuchtwang）教授，於 2010 年 12 月將書籍捐贈給香港中文大學圖書館。該捐贈書籍包含社會學、人類學及漢學為主的中英文書籍約 3,400 多冊。[16]

傅利曼在 1966 年倫敦政經學院服務期間所發表的《中國親屬與社會：福建與廣東》（Chinese Lineage and Society: Fukien and Kwangtung）一書，以香港新界為田野基地，其方法論既是歷史研究又是人類學，他蒐集清代的土地契約、祖譜、墓碑、碑銘、英國殖民地資料、耆老口述等做為歷史分析的基礎，並探討經過工業化與土地革命的現代新界社會，其親屬關係產生何種變化？[17] 傅利曼強調，他研究的重點是想從地方團體的觀點看法人血緣組織如何適應於複雜的社會。此觀點與孔邁隆研究美濃的法人社會亦有相互輝映之處。

受到美籍華裔人類學家許烺光對於中國社會組織模式特質持「相互依賴或情境中心」（situation-centeredness or mutual dependence）、「家庭為所有文化之本」（the family is the basic school of all cultures）的影響，傅利曼認為中國家庭讓父權權威與孝心的秩序結構理想化聯合家庭（大家族），雖然漢人家庭一生和家族的關係緊密，每一年至少回家過年或特殊節慶回家，

---

15 莫里斯・傅利曼於 1951 至 1957 年間任倫敦大學講師，1957 至 1965 年任高級講師，1960 至 1961 年任耶魯大學客座教授，1962 至 1963 年在新加坡、香港和澳門從事田野調查。1965 年任康乃爾大學客座教授，1965 至 1970 年任倫敦經濟政治學院教授，1970 至 1975 年任牛津大學人類學系教授。1975 年去世。資料來源：新加坡大學網站（海外華人）：http://www.lib.nus.edu.sg/chz/chineseoverseas/oc_mls.htm

16 香港中文大學，《圖書館通訊》72 期（2011 年 11 月 7 日）。

17 Maurice Freedman, *Chinese Lineage and Society: Fukien and Kwangtung* (University of London, New York: the Athlone Press, 1966).

死也要在祖堂停棺。但是與其他地區的族裔共同的是，其宗族的利益上具有普遍性，較為窮困的宗族成員可以獲得接濟，都同樣創造了光榮的祖先。[18]

傅利曼認為華人家庭的向心力，也成就了清代帝制創造了和諧想像的基礎。但是，他無法同意許烺光認為宗族之間的械鬥僅限於南方與華中地區（來自水權爭奪），其他地區很少發生。許烺光也較少分析宗族之間的優越感所造成社會緊張的面向。至少，傅利曼透過田野發現到在宗族社會系統裡，競爭與衝突存在著。擴大到宗族之間、宗族與國家之間也是如此，要看何種狀況下，連結何種關係，或者打擊共同敵人。例如兄弟因為分土地爭吵，但是又會為了水權的問題聯合起來，對抗其他的宗族勢力。但是，若國家暴力介入，宗族之間的力量又擴大連結，共同抵抗國家權力。所以，傅利曼認為和諧與衝突相互生成，並非互相排擠。[19]

傅利曼與孔邁隆的學術合作，出現於 1970 年傅利曼所編著出版的《華人社會的家庭與親屬》（*Family and Kinship in Chinese Society*）一書中，當時，孔邁隆還是哥倫比亞大學人類學與東亞研究的助理教授。此書收錄的 14 篇論文來自 1966 至 1969 年中的 4 次會議，[20] 有趣的是，臺灣人口學學者

18　Maurice Freedman, *Chinese Lineage and Society: Fukien and Kwangtung*, p.156。許烺光（FrancisL.K.Hsu），心理人類學開創者之一，第 62 屆（1977-1978）美國人類學會主席、第 12 屆（1978）中央研究院院士、美國西北大學（Northwestern Univer-sity）榮譽教授。出版近 20 本專著，發表學術論文超過 130 篇。主要著作有《中國人與美國人》、《宗族、種姓與社團》、《家元：日本的真髓》、《徹底個人主義的省思》、《祖蔭下：中國鄉村的親屬、人格與社會流動》、《驅逐搗蛋者——魔法・科學與文化》、《文化人類學新論》、《美國夢的挑戰》、《邊緣人》等。資料來源：許烺光，《許烺光著作集》（臺北：南天書局有限公司，2000）。

19　Maurice Freedman, *Chinese Lineage and Society: Fukien and Kwangtung*, pp. 156-158.

20　4 次會議分別是 1966 年 9 月 15 至 18 日，期間他們在紐約的華人社會的親屬會議，由當代中國研究聯合會（Contemporary China on Chinese Council of Learned Societies）和社會科學研究會（Social Science Research Council）主辦、1968 年 9 月傳統中國的城市社會會議、1968 至 1969 年的現代中國的城市社會與政治發展和 1969 年的華人社會的經濟組織。

陳紹馨也投交了一篇〈臺灣的家庭、親屬與墾屯模式〉，可惜的是他投完稿就去世了，傅利曼感嘆失去一位優秀的學者。這 4 次會議中，耶魯大學的張光直也被邀請擔任其中一場評論人。

傅利曼評論孔邁隆的〈漢人家庭群體的發展過程〉（"Developmental Process in the Chinese Domestic Group"）一文，發現孔邁隆的主要論點是質疑漢字「家」（chia）的定義模糊不清的，家可以是財產或經濟，其實比較接近英文 family（家庭）的提法，但是兩者的翻譯也不能過於簡單化。傅利曼認為孔邁隆的家庭研究包含了許多家戶（household）（其實就在地觀點，家庭指的是「夥房」的意思，如果加上大家庭會較為具體），他研究的「家」的聯合體在經濟生活中式相互依賴的，而且是有多種變化的形式。[21]

傅利曼認為兼具人類學與社會學技藝的孔邁隆其田野研究的貢獻在於，他從社會與經濟的角度研究家的複雜性與差異，並且指出影響家庭組織的經濟與社會情境一系列的組合，拆解過往華人研究把大家族富有、小家庭窮困的對立模式。[22]

人類學的臺灣香港時代

孔邁隆沈浸於哥倫比亞豐富活潑的大學生活，但是常有一個歷史的謎題困擾著他，何以中國二千年的社會歷史可以接續下來？此抽象的問題意識思考，影響著他一輩子在田野中找尋答案。受限於 1950 年代冷戰因素，從 1949 年到 1970 年代，毛澤東時代全面埋伏，中國被全面封鎖，封閉於外界，不得其門而入，對於當時美國人類學的田野，處處受限制。曾被西方國家殖民的地區有可能去，但社會主義中國完全不可能，當時對中國產生興趣的研究生或者去了香港，或者去了臺灣。因此，形成了所謂「臺灣

21　Maurice Freedman, ed., *Family and Kinship in Chinese Society* (California: Stanford University Press, 1970).

22　同上註。

香港時代」。但也有些中國研究專家不願意到臺灣，是因臺灣當時還是專制的蔣介石政權。

孔邁隆認為就人類學而言，香港和臺灣並沒有共通的地方，因為殖民主義管理體系不同。但是他對客家產生興趣，所以展開了田野的準備，進入田野的頭一年他先待在臺北學習國語。同時間，他也去了香港找客家學專家羅香林諮詢，羅香林介紹他去新界非常老的一個客家村。他去到那兒時，被惡犬追趕，對新界客家村印象不好，所以又回到臺灣探詢可能性。記憶中，當他去拜會羅香林時，正好在他的客廳讀到美國總統甘迺迪被刺殺的消息。

學者馬喬里・托普利（Marjorie Topley）和白瑨（Jean DeBernardi）認為傅利曼和美國人類學教授施堅雅（Willian Skinner）把研究香港與臺灣的英語系群體組織起來，貢獻良多。1962 年，傅利曼和施堅雅主持「倫敦－康乃爾計畫」（London-Cornell project），為華人社會的社會科學研究尋求資源。施堅雅曾是美國國家科學院院士，1983 至 1984 年間任美國亞洲研究協會主席。他於 1940 年代在成都平原做研究，後來國共內戰停止田野，於 1950 年代到泰國研究華人社區。1951 到 1955 年，他成為康乃爾大學東南亞計畫主持人，1958 年成為哥倫比亞人類學助理教授，2 年後又被康乃爾大學聘回去。因此，孔邁隆、傅利曼和施堅雅的學術社群確有交集。

幾位研究香港華人社會的後繼者華德英（Barbara E. Ward）、珍・普瑞特（JeanPratt）與馬喬里・托普利等人，他們研究的主題圍繞於香港社會文化、祖先崇拜與親屬組織、飲食習慣、民俗信仰與神媒活動等。[23]

美國人類學的「臺灣香港時代」，第一個來到臺灣的西方漢學家和人類學家是 1950 年代葛伯納（Bernard Gallin）和葛瑞黛（Rita S. Gallin）夫妻。1960 年代以巴博德（Burton Pasternak）和孔邁隆等人年齡較為相近。

23　Marjorie Topley and Jean DeBernardi, *Cantonese Society in Hong Kong and Singapore* (Hong Kong: Hong Kong University Press, 2011).

　　葛伯納研究彰化縣閩南村，關注社區文化、信仰和人群關係，他也追蹤了工業化後城鄉關係。葛伯納為何要到臺灣做田野調查？其判斷為何？他認為臺灣與中國大陸雖然政權相異，但是大部分臺灣民眾的文化社會生活從 17 世紀東南中國移居到臺，還保留了較為原初的漢文化，可以做為田調的起點。葛伯納的判斷也影響了孔邁隆等人。1980 年代，葛伯納便能夠到中國進行研究，有趣的是，他在 1950、1960 年代在彰化農村所做的田野調查，正提供了轉型中的中國農村關於家庭的社會經濟與文化模式、親屬關係、宗教信仰一個相對的參照系統。[24]

　　與孔邁隆到臺時間相近，關係較為密切的巴博德，他在 1963 到 1965 年在屏東新埤鄉的打鐵村做田野，也曾來到孔邁隆做田野的附近地龍肚庄做人口研究。巴博德現為紐約城市大學人類系榮譽教授，[25] 我曾向孔先生問起巴博德離開臺灣後的經歷為何。孔先生他曾有一段時間到了中南美洲，從他一系列的論文發表看來，他在 1970 年代出版了親屬與社會組織，1980 年代到了中國研究天津的婚姻生育，1990 年代到內蒙研究，1990 年代致力於生物性別、社會性別與親屬關係的研究。徐正光指出孔邁隆與巴博德在六堆客家地區共同關注的是宗族宗教、拓墾史、地域組織，孔邁隆深化宗教價值的作用，巴博德則伸展了族群關係與合作的面向。[26]

　　巴博德對於清代美濃的社會性質（social characteristics），曾做出結論，他認為：「暴力是六堆社會基本的社會性質，至少是十九世紀末到二十世紀交接之際，日本殖民政府打算對臺鞏固與掌控，同時又要結束大規模的族群械鬥。這段時期，相對少數的南臺灣客家人（包括美濃），藉由中國

24　Department of Anthropology, Michigan State University, Spring 2014 Newsletter, http:// anthropology.msu.edu/wp-content/uploads/2014/05/ANPNewsSpring2014_Final. pdf.

25　http://www.hunter.cuny.edu/anthropology/about/copy_of_history

26　徐正光，〈臺灣客家的人類學研究：回顧與前瞻〉，「人類學在臺灣的發展學術研討會」論文（臺北：中央研究院民族所，1997 年 3 月 20-22 日）。

式的行為與組織能力等混和調節方法，採樂觀進取的能耐，靠著合作生存了下來。」[27]

同時他也強調：「這時期的特殊的生態、經濟與政治氣氛所造成的暴力，美濃客家人有方法去應付。在六堆團練階段，著重於婚姻形式的關係連帶，為此六堆後進團體的跨親族的社會連結，為的是擴張六堆的勢力，而婦女的經濟參與起關鍵性的角色。」[28]

另外，芮馬丁（Emily Ahern）、武雅士（Arthur P. Wolf）、焦大衛（David. K. Jordon）、郝瑞（Stevan Harrell）、王斯福（Feuchtwang）、Philip C. Baity 等人紛紛在 1970 年代來到淡水、石碇、臺南保安村等不同的城鎮做田野，為其學術奠立了基底。美國人類學界的「臺灣香港時代」的兩組人馬回到美國學術社群也常有匯集，例如 1971 年馬喬里·托普利來到加州參加武雅士主辦的中國宗教會議。[29]

到底美國人類學的「臺灣香港時代」意味著什麼？焦大衛不同意傅利曼把非共產地區（如香港、臺灣華人社群）類比為 1949 年前的中國傳統社會。焦大衛提醒當時：「大陸正處於可怕的文化大革命動盪，而在臺灣戒嚴體制下的政權，仍抱著反攻大陸的希望，它對任何有臺灣特色的事情都抱著非常戒慎的態度，這兩種政治情況，美國學者或是會將臺灣當作是『真實中國』的一個代替品，或是有意忽略它其實『不是真的中國』。」[30]

27　Burton Pasternak, *Guests in the Dragon: Social demography of a Chinese District 1895-1946* (New York: Columbia University Press, 1983).

28　同上註。

29　Marjorie Topley and Jean DeBernardi, *Cantonese society in Hong Kong and Singapore*.

30　焦大衛，《神、鬼、祖先：一個臺灣鄉村的民間信仰》（臺北：聯經出版事業股份有限公司，2012）。

美濃的田野

上述提及哥倫比亞人類學鼓勵學生從事少數族群研究，不難明白孔邁隆為什麼特別鍾情客家？他也在訪談中確認因為是少數族群的關係，他投入此生的工作。但是他認為：「在漢族系統中，客家是少數（minority），但是又不是少數，有的情況下是，有的情況又不是。客家不是少數民族，它也許是一個族群，可是這個族群有少數的觀念，可是另一方面又有全國性的觀念。」

受到美國社會科學院（Social Science Research Council）的資助，加上當時拿著中央研究院的公文，在美濃就已暢通無阻，孔邁隆拿了公文給警察局，到鄉公所都很方便。孔邁隆回憶說他像是人類學的王子，頭一年在臺北租有一個獨立的日式榻榻米房子，還有負責打掃清潔煮飯的幫傭婦人。到了美濃，狡兔三窟，租了 3 個地方，一個是劉家提供吃飯、鍾家提供一間當辦公室，晚上則住進我家上邊間的房間，他認為如此可以接觸 3 個家族，是最好的田野。孔邁隆常常找不同的報導人陪同他翻譯或訪問，其中一位離大崎下約 3 公里，服務於龍肚國小的鍾福松獲得了孔邁隆的徵選，打敗當時的美濃國中英文教師溫顯榮，鍾福松很驚訝為何他會打敗臺灣師範大學英文系的高材生，原來，他因為經常收聽美國之音，學會一口美國腔英文，遂被孔先生賞識。因為長期陪伴孔邁隆，英文更突飛猛進少，後來離開家鄉到臺北當國際導遊，薪水比小學老師多好幾倍，從此展開不同的人生。另一位青年林漢忠赴美國讀書前跟著孔邁隆精進英文會話，後來，他在美國太空總署工作，我記得在我小學時期（1970 年代），林漢忠回臺還帶著幻燈機到我們家放映美國的風景、生活與科技的影片，當時大家都覺得非常新鮮。

「到了美濃我的生活素質一下就降低了，沒有問題，我是人類學家，經費一直沒有問題。」因為當時美元強勢，一切花費都相對便宜。在美濃的田野階段約 1963 至 1965 年。美國人類學家的臺灣香港年代，隨著鄧小平的改革開放鬆綁結束，孔教授在 1980 年代也進入中國廣州梅縣、北方等地做田野。

孔邁隆回到美國的 1966 年曾是美國青年運動醞釀爆發期，他回憶當時在美國已是哥倫比亞教員，警察與學生對峙，教師夾在中間，他覺得受此事件影響很大，他認為雖然對自己的研究就有一些干擾，但是會關心公眾（public）的事情，做為觀察者，他認為當時警察犯規入侵校園實施暴力，對其做法不以為然，但他並不同意學生左翼的意識型態，是反對國家機器暴力，主張恢復和平。

他一心一意關注的還是當代美濃社會的研究。孔邁隆覺得他的博士論文《家的合與分》（*House United, House Divided*）一書的最大貢獻就是記錄了整個臺灣邁向工業化前夕的農村變革，觀察到農村比較具體的、結構比較完整的大家庭制度。他說晚 5 年、10 年大家族就解體了，因為在美濃交通不變，風俗、思想與傳統文化都相對維持下來。

人類學家的田野即政治，做為外來者（outsider），在美濃的田野感覺與記憶如何？有沒有留下一些美好的記憶在裡頭，或是有一些衝突？孔邁隆回答：「很奇怪的是，我進來美濃之前會認為衝突很大，可是卻沒有，而且非常順利。當然美濃跟其他地方一樣，有一些內部的派系，但這不關我的事，所以我非常故意不要介入，我每天都說那句話『您好！您好！』所以大家都非常喜歡我。」

孔邁隆的田野地點就是我成長的美濃大崎下，屬於獅山里，在孔邁隆的書中以菸寮指稱，他說為何選擇此地：「因為這個地方不太大也不太小。那時約 68 戶，在研究上可以幫我，所以我每天都可以繞一圈。」孔先生無論婚喪喜慶，幾乎全程出席。這段時間的記錄除了田野筆記、研究文字外，他拍攝一萬多張珍貴照片，全數捐給美濃客家文物館。[31] 這一系列的照片前後差一年，就有黑白與彩色的差別，我問他為何有差別，他說，只是經費的問題，當時彩色有兩種，一種是幻燈片、一種是膠片，幻燈片較貴。

31　部分照片與圖說，已由美濃愛鄉文教基金會出版《回望二十世紀的美濃》（高雄：高雄市政府客家事務委員會，2014）。

　　孔邁隆所捐贈的照片中，屬於我家的田野有十來張，內容包括我祖母、爸爸與媽媽種菸草的所有培育的過程、清水宮十一年建醮家裡擺滿桌祭神、附近伯公（土地公）完工的祭拜儀式、在收割完畢的田地演布袋戲酬神、祖父參與外家（曾祖母家）的喪禮、生活起居等照片，完整地呈現1960年代美濃農村生活、生產、地景與生態等記錄，其中兩張照片「婦女磨漿」、「做紅粄仔」相當程度見證了前現代化的農村生活。

　　1960年代自動機械化還未運用到家庭食物調理，每個家庭廚房邊的簷頭下（屋簷下）都會備有磨石，照片中的磨漿工作需要兩個人力，大多是由婦女操作，一個人負責推動石磨，另一個人需要有技巧地將各種五穀原料，配合一定比例的水，加進孔中，慢慢磨出漿來。隨著不同季節與節慶，將在來米、蓬萊米與糯米等不同米穀磨漿後，可做出應景過節及農作時補充體力的各種粄食點心，像是在來米漿可做成面帕粄（粄條）、米箕粄（米苔目）、碗仔粄（碗粿）等，糯米漿則可做出粽子、紅粄仔、白頭公粄（鼠麴草粄）等，幾乎每一種粄食都可因配料不同而做出鹹甜兩種口味。[32]

　　每個家庭重要的副食品豆腐，也是從磨石磨漿製作而成的。當時幾乎家家戶戶都備有曬乾的黃豆，通常會存放在礱間（碾米廠），當青菜青黃不接時，將黃豆泡水發脹，放進磨石磨出漿，磨好的豆漿放進大灶煮，過濾出來的漿汁，若不加石灰水凝固便成豆奶（豆漿）；加石灰水的豆漿舀到四方型的篩子，篩子底部鋪上棉紗布，馬上就成為豆腐花（豆花）；等一段時間，水慢慢乾了，用棉紗布包起來，覆蓋上石頭壓一下，就成為豆腐。當時，幾乎沒有人家裡有冰箱可以冷藏儲存這些豆腐，所以將豆腐變化成各種煎炸料理，或是做成豆腐乳等加工食品，就成為保存豆腐的重要生活知識。[33]

32　美濃愛鄉文教基金會，《回望二十世紀的美濃》（高雄：高雄市政府客家事務委員會，2014）。

33　同上註。

　　孔邁隆拍攝我們家族「做紅粄仔」的場景，記錄了美濃客家集體生活的痕跡。這張照片的廊下（客廳）裡的老嫩大細（大大小小）正在進行每一年掛紙（掃墓）前重要的家族活動——「做紅粄仔」，根據鍾庭梅（鍾鳳雲的長孫女）回憶：動員全家族一起做紅粄仔，是鍾家夥房維持幾十年的傳統，有些嫁出去的姑姑、外出高雄工作的媳婦還會被召集回來。

　　「做紅粄仔」動員了每個年齡層。小孩負責做紅條、分白粄，婦女則分內餡、包好粄仔，然後交給大家長鍾鳳雲完成最重要的「印粄仔」（壓模成型）。之後，這些粄仔排在剪好的香蕉葉上，鍾鳳雲的太太羅傳娣與長媳鍾張粟會到灶下，用大灶蒸出紅粄仔，最後將熱騰騰的紅粄仔移到拆下來的門板上放涼，接著鍾紹禎（是鍾鳳雲大哥的三子）將已放涼的紅粄仔放到竹篩上。

　　這兩張照片的珍貴性在於大崎下「共食」的痕跡。根據鍾張粟的記憶，1940年代她嫁到鍾家，當時還是大夥一起共食、共勞動的「大眾時代」，鍾鳳雲3個兄弟的媳婦要輪流煮飯，每天約2桌。到了1960年代，3家雖然分家，但是特定節日還是一起分享食物的製作與分配。

　　鍾家每次紅粄仔的製作量相當大，除了要分給夥房內3家外，還要給附近鄰居，以及嫁到美濃鎮上幾個里的姑姑。掛紙當天拜完的紅粄仔會發給前往祭拜的親族分享，但也還要預備一些給前來「打粄仔」的村民。在買賣不活絡的時代，點心是稀有物，窮人家的小孩會趁掛紙時，前往風水地要求分吃紅粄仔，因此，紅粄仔之所以需費時費力製作，代表了大崎下「禮物經濟」的痕跡。除了禮物、祭祀的作用外，紅粄仔跟菸葉的生產也有關係。掛紙時期也是菸葉調理期（即繳菸前將燻烤後的菸葉分級、壓製階段），乾掉的紅粄仔只要蒸一下或煎過油，就成為菸葉調理期的點心了。

　　孔邁隆除了細緻的記錄每一家夥房的生活點滴之外，大崎下的所有活動也都在他的關注範圍內，撮把戲、結婚儀式、做衣、賭博、做磚、築駁坎、築桿棚、辦桌、趕鴨、小孩滿月剃頭、青少年讀書、過節殺雞等，孔邁隆記錄了戰後村裡的生命力。

關於現代性

深入美濃的農村調查，讓孔邁隆思考中國社會的演變。自從五四運動以來，菁英與知識階層沿用西化觀念，西學「救亡圖存」的觀念深入骨髓與主導學科的發展，不只是中國大陸，甚至影響整個華人地區，追求所謂的現代性（modernity）。孔邁隆如何回應與關懷農村社會與文化？孔先生認為：「我是著重社會與社會演變，現代性這個符號對中國農村社會的判斷性太厲害，現代化產生貶抑農村，並不是客觀的描寫，把農村加上『落後』、『沒有進步』、『農民』等各種各樣的偏見，但是我一接觸，我的研究就改變了此想法。」[34]

孔先生進一步認為：「中國的傳統文化有其複雜性，不只是靠習俗、習慣，還是要貫切持續，還是要做事，經濟非常複雜，朝某個方向進行，問題是，不是怪農民，為什麼是農民，應該要反問菁英階層，為什麼老是覺得，我們是菁英階層，我們知道，農民不知道，其實是要考慮這個問題的時候。」[35]

孔先生強調他所下的結論有豐富的田野印證，他說：「我覺得要講一個事情，我並不是一直研究美濃客家人，其他就不研究，我在河北農村做的研究不錯，在河北住了半年，上海附近的一個農村半年，那時是上海縣，現在上海縣沒有了。第三地方是四川。此三地研究幾乎以家庭為核心，我拿他們跟美濃比較。照理說，河北靠近中國帝國的中心在北方、四川在西方、上海在東方，美濃在南方，可否有一個指稱叫漢人與漢民，這些指稱是不是有一定的意識？是不是有一定的文化意義？是不是可以說有一個漢人文化？雖然彼此不同，很多方面不同，三個在中國，一個是臺灣。但是，我直接講是有，有一個指稱叫漢人的文化。」[36]

34　以下根據我對孔邁隆教授的訪談，訪談時間約 2014 年 2 月 27 日，高雄歷史博物館。

35　同上註。

36　同上註。

　　孔先生認為漢人文化的核心是家庭，家庭以一種管理主義精神在維繫經濟，是漢文化傳統足以維繫的基礎。但是客家沙文與中心主義者，單向的強調如何聯繫文化與客家文化的關係？孔邁隆持保留的態度。他說：「是否有客家精神與文化我不確定，但是有美濃精神，不是客家精神。有沒有一個客家文化，是不是所有客家人，講這個話的人，都同一個文化，這個不知道。美濃人比較強，這個強不是說不靠腦筋，有靠體力，有靠腦筋，……現在大家也開始上班，因為現在有一個全球性的生活方式，美濃沒有特例。以前美濃人非常用功，我想這跟清代有關係，如果不強、不認真就會消滅。所以美濃參與閩客械鬥，打來打去，有開墾啊也有科舉，非常忙的。」[37]

性別視角

　　孔先生來到美濃做田野之前，看了許多關於中國大陸地區客家性別分工的書面資料，特別是考察幾個世紀西方傳教士的觀察與說法，他們產生了不可攻破的刻板印象，像是：「男的喝茶，女的在田裡工作。」孔先生對此看法有些同意，但也有不同見解，他說：「差不多！不是說男的都不工作，但是這個女的參與各方面的經濟活動，可能比其他地方多，但並不是說男女平等，經濟的分配是不同的，而且因為有大家庭制度，女人的生活非常特別。如果分家是一回事，在大家庭裡，那些家長、女家長，他們的鑰匙放在包包裡，我遇到一個家娘（婆婆）她拿給大家看，每個房間的鑰匙她都有，她在顯示誰的權力大，很明顯，所有結婚之外的女人，她不要她們有衝突，她要管理她們。鑰匙啊！掌握經濟權力！秀給大家看，她有鑰匙，丈夫也有鑰匙，別人沒有鑰匙。家族底下男女都是在他（她）們的管領之下，如果家庭管理的好，那麼下一代就會接受，就會服氣。」[38]

37　以下根據我對孔邁隆教授的訪談，訪談時間約 2014 年 2 月 27 日，高雄歷史博物館。

38　同上註。

孔邁隆認為為何漢人傳統家庭是一種管理主義，因為對比臺灣的現代化公司制度，在工作薪資分配上，維持很長的時間男的薪水比較高，女人比較低，所以傳統父系社會，不能只是表面上看到性別不平等，而要問傳統力量何以維持？他認為：「六十年代臺灣傳統社會肯定有變化。但是這個問題非常有意思，當時人類學家不要看那個變化，只要去看那個傳統、傳統、傳統，為什麼要著重傳統，因為當時要呈現的是臺灣是傳統文化的繼承者，在臺灣也可以了解中國，但是說到變化，那不行，因為會呼應毛澤東的變化，那就不同了，所以在這樣情況下，大家就太奇怪了，大家就偏偏要研究這個傳統的，不過也許不是因為外力，這個傳統的傳承……。在我的看法是，我總是一直以為這個傳統的大家庭制度還存在，這個環境就是這樣的。」[39]

孔邁隆記憶中美濃婦女並沒有有裹小腳的，但是閩南村卻普遍。他在1985 年左右在河北，看見許多女人都有小腳，有一個婦女堅持要給他看，孔邁隆說小腳不好看，並沒有要看的意思，可是因為這名婦女表達了要人類學家見證裹小腳的歷史痕跡，所以孔邁隆還是看了。

孔先生認為裹小腳是階級的產物：「客家最有錢的家庭有裹小腳，近代富有家庭有傭兵，最高的開始有，接下來傳承什麼的，接下來一、兩百年還是會有，都是這樣子的。最高的就會有小腳這樣子……。」[40]

孔邁隆的客家與美濃研究

在吳密察教授與高雄歷史博物館支持下，我主持了「孔邁隆教授美濃研究編譯專書計畫」。吳密察教授曾在成大臺文系任教，有一天，我問他認不認識孔邁隆，他笑著說還用說，之後，我於 2014 年趁孔教授回美濃的機會，邀請他來成大演講，因為擔心臺文系對客家歷史研究有興趣的人不

---

39 以下根據我對孔邁隆教授的訪談，訪談時間約 2014 年 2 月 27 日，高雄歷史博物館。

40 同上註。

多，便和歷史系與閩南中心合作合作，促成此次演講，並由吳教授主持。孔邁隆回美國之後，吳教授建議我聯繫他，看他是否願意把翻譯工作交給我們做。沒想到，事隔不久，高雄史博館積極促成全面性翻譯與保存孔邁隆研究相關圖片、資料、契約等工作。

　　我所主持的「孔邁隆教授美濃研究編譯專書計畫」，是將孔邁隆英文著作未譯成中文的專書與篇章編譯成中文。第一部分編成上冊，主題為美濃家庭的合與分，內容包括《家的合與分——臺灣的漢人家庭制度》（House United, House Divided: the Chinese Family in Taiwan, 1976）。多年前，中央研究院民族學研究員徐正光教授曾提起，時任東華大學臺灣文化學系教授兼人文社會科學學院院長黃宣衛教授與夫人劉容貴女士已將《家的合與分——臺灣的漢人家庭制度》翻譯，所以本計畫分上、下兩冊，上冊是孔邁隆教授博士論文全貌，並由黃宣衛教授負責導言。

　　下冊包括「美濃的經濟法人與社會發展」、「客家語言」和「客家認同」。內容包括：〈清治臺灣瀰濃客家家庭的社經差異研究：從歷史人類學論南臺灣客家社會〉（"Social and Economic Differences Among Minong Families During Qing: An Essay on the Historical Anthropology of a Hakka Community in Southern Taiwan", 2000）、〈瀰濃的法人：18 和 19 世紀臺灣的信仰、經濟和地方文化〉（"Minong's Corporations: Religion, Economy and Local Culture in 18th and 19th Century Taiwan", 1995）、〈共享的信仰：清代南臺灣客家人的法人（嘗會）、社群與宗教〉（"Shared Beliefs: Corporations, Community and Religion Among the South Taiwan Hakka During the Ch'ing", 1993）、〈客家人或「客人」：試論在中國東南將方言做為社會文化變項〉（"The Hakka or 'Guest People': Dialect as a Sociocultural Variable in Southeastern China", 1968）、〈建構客家認同與客家族群身分，以 1963-2008 在臺灣美濃所見為例〉（"Configuring Hakka Identity and Ethnicity, as Seen in Meinong, Taiwan, 1963-2008", 2010）5 篇專論。

下冊的翻譯隊伍中英文訓練完備，有留學英美或外文系背景的博碩士成員，團隊有客家研究領域的加拿大亞伯達大學人類學博士徐雨村、英國倫敦大學物質文化博士郭揚義、美國教育碩士與成大臺文系博士班宋廷棟、交通大學客家文化學院羅烈師教授助理賴伊凡（交通大學英文系碩士）等人。

關於下冊的研究關鍵詞與概念，茲分析如下：

土地與社會性質

由宋廷棟翻譯的〈清治臺灣瀰濃客家家庭的社經差異研究：從歷史人類學論南臺灣客家社會〉一文中載明孔邁隆學術上的許多見解，一般說來，日本殖民地政府在屏東平原完全鎮壓地方武裝勢力（漢人到原住民）要到1915年（大正4年），但是孔邁隆認為六堆客家在1895年末被平定後，短短幾年，約1903年，日本殖民政府實質就領有瀰濃地區的土地調查（包含土地所有權、相關權利與土地使用情形），共錄有7,243筆的地籍。

有趣的是，孔邁隆將土地關係與社會關係連接起來，他透過土地調查，推斷「對這個較大規模的地方仕紳階層的更進一步了解，或許要從清治時期擁有瀰濃大約三分之一水田的股份制法人所保存帳冊的分析來獲得。依據目前所取得38本的帳冊影印本，屬於清治時期的部分，或許可以呈現出若干資料，例如關於股份所有權運作、經營型態，或是其他有關法人組織活動的不同程度影響力及參與程度等證據，即使說到目前為止，對於這些材料的分析大多聚焦於基本事務，諸如組織、會員身分的分配，及宗教焦點等等。」大部分美濃在殖民地時代的土地持有是單一戶長，但是建地為聯名的複數夥房持有人。擴大整區的土地持有產生不同的社會地位，如右堆功名擁有、管事、總理等正式地方職位任用，以及捐獻所呈現的地方公共事務參與等。

透過土地調查的物質基礎，孔邁隆把美濃從清帝到日殖的社會性質，做了以下定論：

在晚帝國時期高度商品化及社會流動的瀰濃社會，存在著許多社交與社團的活動領域，其正式化的程度不一，而在其中，可能存在著權力與影響力的各種差異的表現方式。擁有資產者可能在或多或少正式的社交架構、結盟或人際網絡當中來做選擇，所能發揮的影響程度也不一；但選擇很多，而且甚至具有較少經濟手段的人們，可以找到管道來支持其社會實踐行動，這事實上也可能是向上社會流動的一種形式。在瀰濃，仕紳菁英的社會實踐行動大多是最正式的，但也是最無所不包的右堆的領導權，但這個組織本質上是民粹主義與鄉土本位的，參與其中者稱為「義民」，他們確實曾動員來保衛或增進當地客家族群的利益，在那個脈絡下，被擊敗可能意味著被驅逐或者更糟的狀況。功名持有者以一個不分階級、全體動員的社群名義，領導平民的團練武力，並在土地公及其他保護神所提供的宗教神聖化，在帝國所賦予的正當性保護下，結合了帝國官方、地方仕紳菁英、民粹主義者與客家族群存續的意志，保家衛土或擴張家園的地盤，而不是迅速被同化進入以階級為基礎的經濟及社會組織的零和模式。

社會組織（嘗會、宗教與宗族）

賴伊凡翻譯的〈瀰濃的法人：18 和 19 世紀臺灣的信仰、經濟和地方文化〉和徐雨村所翻譯〈共享的信仰：清代南臺灣客家人的法人（嘗會）、社群與宗教〉2 篇專論，同時涉及到美濃的社會組織與信仰。

關於法人的定義，孔邁隆研究清時代的美濃社會，「法人」扮演著重要的組織社會與文化的功能。他將法人區分為「祖先」法人和「其他」法人，例如嘗會：「第一種是祖先嘗會，這讓一個宗族的各個分支結合在一起；他們集資來投資獲利，例如購買農地或興建房屋，並由「嘗會會員」耕種這塊土地並支付租金。獲利用於購買祭品及祭祀祖先，以最崇高儀式來表達最深敬意，藉以報答祖先。在神明會裡頭，不論姓氏皆可參加。無論是哪些人，想要聚在一起並累積資金的話，就可以這麼做，其經營方式如同祖先

嘗會。」法人「業務」也擴及地方神、行業神；或非宗教功能如維護橋梁、渡船或水利設施的組織，在美濃也有水社真官等守護神的出現。

所以孔邁隆認為清朝期間臺灣的法人具經濟屬性。包含土地及其他項目，創造出複雜且自由協商的財產權利，例如分別買賣的田底權（大租）及田面權（小租），就土地的權利實體而言，存在相當複雜的安排。

但是不同類型的股份制法人，豐富化清朝臺灣社會的組織與文化。複雜的特定法人所選擇的宗教範疇與儀式焦點，為美濃的文化環境提供了多樣的生活內容。

土地開發與語言傳播

徐雨村翻譯的〈客家人或「客人」：試論在中國東南將方言做為社會文化變項〉，非常繁複與縝密地推斷客家「方言群」的形成關係，其與土地開發、緊張的租佃關係、語言團結做為協商或抵抗策略與漸進式遷徙等相關。

孔邁隆沿用羅香林的客家族群的五次遷移說，來證明歷史上客家方言群並非固態、完整聚落或一層不變的生活共同體，而是靠「打鬥」出來，沿著特定的遷移與聚落發展過程，語言形成了異質性，因為在廣東與廣西，複雜多語的方言差異，成為社會群體結盟與形成的重要因素。

孔邁隆認同他的恩師傅利曼的說法：「似乎曾出現兩種衝突結盟方式，彼此並不相容。在某些衝突當中，宗族對抗宗族；在另一種脈絡，各個宗族或是宗族之中的某種階級，基於他們共同對國家的敵對態度而團結起來。」孔邁隆進一步說明原以宗族為基礎的結盟關係，也可以用村落替代，以跨越親屬界線形成以方言結盟的關係。他強調，若中國東南及其他地方人們之間產生敵對的互動、產生了階級的分裂，方言差異可能形成共同陣線來對抗國家。

孔邁隆以為方言群的產生同物質基礎必須連接起來，他說：「假使我們把方言視為一個社會文化變項，就如同『親屬』或『領域』一樣，我認為它將會呈現廣大範圍的社會關係，其中方言區隔將會產生影響，這讓它成為

主要的塑造群體的力量。這個變項以具有社會學意義的方式呈現出來，我認為，這取決於許多前置因素，有利於許多種類的群體形成。」

最後，孔邁隆認為華語次語言的方言群是團結，朝向同人主義（tungism），因為，「同人主義的連結關係可能跨越了親屬、階級及居住地。這個概念廣泛到足以容納來自不同歷史過程所產生的群體，並依據各種功能需求。事實上，這類群體的存在對於中國社會的複雜性有所貢獻，在本文中我試圖指出某些發展過程，導致客家人及廣東人依據方言基礎而分別組成的群體，就對於中國社會的更普遍分析而言，這些群體可被視為同人主義的範例。」

族群的身分政治

到底客家族群的身分政治如何形成？特別是在強調多元文化的今日，令人好奇的是孔教授對此觀點為何？他認為認同結構系統塑造客家族群的身分政治。郭揚義所翻譯的〈建構客家認同與客家族群身分，以 1963-2008 年在臺灣美濃所見為例〉一文，提供了解答。

孔邁隆認為清代的客家族群身分政治的建立，同國家脫離不了關係。他認為中國官僚制度吸納地方文化，以標示政治版圖，非依族群身分區分，藉由地域象徵，提升漢人認同，他強調：「以縣（漳州、泉州）劃分的認同，或以省（廣東、福建）劃分的認同，是透過中國整個行政架構中的地點做為依據，是一種精準地奠基於漢人農業中國範圍內的中國漢人認同。身為來自於『中國本土』某個地方的中國漢人，確實意謂著他有文化的特質或遵行著該地域的習俗，但是在中國帝國土地管理架構中，這種地方色彩並不必然構成或意謂著族群身分。」

他以清朝派遣臺灣官吏藍鼎元為例，從他的文章中表明，帝國政府的行政系統協調或凌駕於族群矛盾，「和諧社會」成為政治治理的標的。因此，「客家人的身分是一種天生的身分認同族群形式，因為這個身分在帝國地圖中的位置並沒有被整合進來做為族群認同目的，而只與共同文化特質與語言的主張有關。」

因此，孔邁隆認為客家的族群身分政治往具有主動與被動的層次邁進，兩者是相互運作的。他認為：「主動族群性指的是一種在瞭解認同的維繫及其豐富內涵是有益的之後，有意識地去培養的族群認同。」主動性的族群身分表現在當代臺灣表現在教育、政治與媒體領域及許多其他社會生活方面。被動認同往往是所屬族群團體或由他人施加於自己身上的負面影響化刻板印象，他如此定義：「接受各樣被視為已知事實或可發生作用對象的認同標識。」

結論：反思

編譯此書產生許多複雜的情感，我的父母皆不在世上，父親在 57 歲時，好不容易放下苦重的農事，到美國加州探望二姐，不料在洛杉磯意外身亡。當時，除了負擔高額的醫藥費之外，舉目無親，二姐想到聯絡東部的孔邁隆未果，讓我的母親從此不再理會孔教授，我們子女也覺得跟傳聞的孔先生應該也斷了線。

後來幾年，孔教授出現美濃，都無緣深談。藉由此次機會，透過整理孔教授捐贈的照片、翻譯研究和訪談，重新認識他的貢獻，發現他了不起的工作，似乎兩代人的和解從此展開。

引一段他的話，獻給一直努力於農村建設的同伴們：

中國（包括臺灣）鄉村人民的文化與經濟成熟程度，獲致更全面的認識，就有必要針對這些依然相對較少被探索的鄉村社會、經濟與宗教生活，從事更進一步的研究；這樣的研究也能讓我們站在更佳位置，將鄉村文化連結到中國（臺灣）的城市文化。

最後，本書得以出版，除了感謝原出版者授權各篇版權，也感謝徐雨村教授最後在翻譯上的確認與修改；亦感謝許育寧、曾家琪二位助理前後在本書編譯事務上的諸多協助。

目　次

表　次

清治臺灣瀰濃客家家庭的社經差異研究：
從歷史人類學論南臺灣客家社會

Social and Economic Differences Among Minong Families During Qing: An Essay on the Historical Anthropology of a Hakka Community in Southern Taiwan *

宋廷棟譯

導論

　　本論文是關於清治晚期南臺灣客家社會社經差異形式的初步調查成果。同時介紹來自這些資料分析及衍生的研究發現，所進行的更大型研究計畫，這項計畫更廣泛論及瀰濃地區在 1895 年之前的社會狀況（此地區即現今的臺灣高雄縣美濃鎮，日治之初估計約 9,000 名人口，而今日約有 50,000 名人口）。[1] 基於本文的論述目標，我援引了非常多樣的資料來呈現社會地位或資產的差異。就在日本佔領瀰濃僅僅數年之後的 1902 年所辦理的土地調查，使我們能將當時全部的地主依其持有地產大小與價值狀況作排序；1885 年由鳳山知縣勒記於石碑的告示「端正風俗碑」，呈現當時從官府及瀰濃社群的角度所見的瀰濃仕紳階層的成員狀態，至少提及他們彼此往來的情形；[2] 一座在 1890 年的石碑載明了重建瀰濃土地公壇的捐題緣金者

---

* 譯稿所使用的原文收錄於：徐正光編，《歷史與社會經濟：第四屆國際客家學研討會論文集》（臺北：中央研究院民族學研究所，2000），頁 259-292。

1　譯註：美濃鎮業於 2010 年改制為高雄市美濃區。

2　譯註：「端正風俗碑」是光緒 11 年（1885）代理鳳山縣知縣李嘉榮所立的告示，嚴禁強悍民俗滋生惡習，庄民並署名以示遵守。此碑曾被棄置為排水溝蓋，幸得孔邁隆教授發現，後由溫華玉、鍾德福、林滄生、張琴龍、張寶昌等捐資，並在鎮公所協助下，復刻新石碑。現立於美濃東門樓右側牆壁上。請參考：客家委員會客家文化發展中心・客家傳統建築影像數位典藏網，〈建築導覽——瀰濃東門樓〉，網址：http://hakkaarchitecture.thcdc.hakka.gov.tw/thcc/hakka/x_3.htm。

姓名（及數額）；[3] 一座在 1894 年樹立的捐獻功德碑刻有幾位瀰濃人士的名字，位於今日屏東縣內埔附近的西勢忠義亭，這裡是南臺灣客家社會的其中一個信仰及社群中心。

其他補充資料來自多種不同文獻來源、1971 至 1972 年筆者與巴博德（Burton Pasternak）教授在美濃協同進行田野工作的紀錄、以及筆者在先前及此後多次造訪美濃的田野紀錄等。功名當然是清治時期社會地位的關鍵指標，也成為我這項研究急欲收集的目標，盡可能蒐集最多的清代瀰濃功名持有者資料。同樣重要的目標就是找出由清朝地方官府正式派任的人士——通常會事先徵詢功名持有者的意見——來綜理瀰濃地區地方日常事務的行政工作，一如在南臺灣其他各地，這些人士稱為「管事」或「經理」。在每個庄都有管事的情況下，在瀰濃各個不同區域的村莊結合起來，成為南臺灣客家地方團練組織「六堆」的其中一堆「右堆」，右堆就如同其他各堆及整個團結的六堆組織一般，具有多個領導職位，其中最重要者是總理及副總理。因此，可將晚清時期石碑所載明的捐獻實錄拿來跟土地資產持有資料相對照，最起碼可提供一項四個面向的分析，從土地產權、功名、正式官職（例如管事及總理），以及捐獻所呈現的地方公共事務參與等方面著手。這項分析的主要缺陷在於，土地調查資料未能完全呈現經濟生活各領域的資產所有權及參與程度，例如店鋪、糖廍及其他類似資產。同時，本分析也存在若干社會學層面的重大缺漏，例如在祖先法人或非祖先性質的擁有地產的宗教法人組織，或是有關灌溉、運輸或地方宗教等重要地方事業之中，具有影響力的正式或非正式職位。然而，我希望能在下文所呈現的可取得資料當中，能確實闡明一個看似悖論的東西，實際的社經階層化，以及依據社群成員最基本生存需求所產生的社群凝聚力，兩者是同時存在的。

3　譯註：「重修福德壇」石碑登載光緒 16 年（1890）重修東門樓外的庄頭伯公壇的捐題緣金的名冊。現立於美濃東門樓右側牆壁上。（資料來源同上註）

晚清瀰濃社會地位排序與仕紳階層特質

在轉向對於前述的資料，特別是著重於經濟政治及社會性質的階層化與差異化進行分析之前（如前所述，依然是初步分析），我也想要描述這些資料來源。

土地調查

在 1895 年末，日本政府平定地方抵抗並實質佔領瀰濃地區後，就在 1903 年完成對現今美濃鎮所有土地的逐筆土地調查，這是全臺地籍大普查的其中一部分。以瀰濃地區而言，此次調查一共記錄並描述了 7,243 筆地籍。調查目的就是針對當時的土地所有權、相關權利與土地使用情形，無論是依法登記或依習慣法處置的現狀，提供完整詳實的細節。換言之，這項普查所提供的實錄絕大部分是清治時期土地權處置情形，在日本統治的頭七年僅發生極小改變，這項普查本身就是為了便於在日後執行更激烈的土地變革，諸如由日本政府廢止某些所有權與租約。

這些瀰濃土地調查資料已輸入數位資料庫之中。地籍登載事項均以中文輸入以便查認，並與下文提及的其他來源資料進行交互比對，例如日治初期戶籍登記與清治時期的碑文。我曾將這些土地調查資料運用在一篇正式出版論文（Cohen, 1993）以及另一篇論文，刊載在南港中央研究院歷史語言研究所的同事所編輯的書籍當中（Cohen, 1999）。地籍資料是以土地利用方式來區分歸類（按照水田、旱田、住宅與其他建地等類別）。土地所有權屬與權利設定均有載列：有許多田地具有各自的「大租」（田底）與「小租」（田面）擁有者；此外，所有權也經常「典」給他人，以至於單單一筆土地就具有為數可觀的個人或法人共同持有者，他們可能擁有某一種或其他類型的權利或主張。值得一提的是，對於某一處特定土地擁有所有權的各方，都是依據人名與住所來鑑別。許多共同持分的所有者或權利持有者並非個人，而是各種不同形態的法人組織：包括宗教組織（神佛會）、祖先祭祀組織（嘗、祭祀公業）及其他更緊密聚焦於社會公益事業的組織，例如橋會。

在完成全臺的土地調查之後，日本政府制定了新的土地權屬法規，包括廢止全部的「大租」業主權，將完整的土地所有權指派給原先的「小租」業主，不管是個人或傳統法人組織都一體適用。在此基礎上，日本政府在1905年「整飭」了土地所有權屬，並「開辦」土地登記做為法定的土地所有權憑據，甚至沿用到日本投降退出臺灣之後。在土地調查之後，將新制定義的土地所有權屬資料填入了政府的土地臺帳（地籍清冊）。今日的美濃鎮在當時由日本政府劃分為6個庄頭，每個庄都有各自的土地臺帳。在臺帳裡頭，每筆土地都記錄在單獨的欄位，分別列出地號、類別（水田、旱地、建地等）、區段、所有者及其地址。土地臺帳所登載的資料也被整合進入土地調查的資料庫，在兩者同時運用之下，臺帳及土地調查資料提供了重建清治時期土地產權狀況的方法。由於就住宅土地而言，載入土地臺帳的地號也被充作家戶地址，因此在日治初期住宅與家庭分布的情況就此一目瞭然，成為戶籍登記系統的基礎。最後，土地調查藉由查認土地的所有者、利用者及擁有其他各種權利者，事實上提供了一份有關各家戶的戶長、家戶地址（住宅土地的地號）等等的列表資料。由於實際的戶籍登記系統直到1906年才全部建置完成，這份更早的1903年戶長資料紀錄，大大有助於推動這個較大型研究計畫的目標，重建在1895年末日本領有瀰濃之前的瀰濃家庭社經概況。此後建立的戶籍登記資料現已被輸入一套資料庫，特別著重於這些家戶資料，它們足以提供在日本統治前夕的瀰濃人口與家庭情況。

我運用土地調查做為研究分析的基本工具，因為就截至目前為止已討論的各項資料來說，在日本政府所劃分的行政單位中，土地調查本身就能提供完整涵蓋當年的瀰濃——右堆區域的資料，這個區域後來成為今日美濃鎮範圍。正如我在先前的一篇論文（Cohen, 1993）所述，居住在土地調查所涵蓋範圍的人口，大約相當於整個右堆的四分之三，後續我對於社會階層化的分析與討論，將會從土地調查所列舉的土地所有權人當中，將範圍限定為當地居民。剛好有一些較大型村落，特別是瀰濃庄本身，全部都在土地調查的涵蓋範圍之內，所以我可以很有把握地說，其社會階層化現象具有充足的代表性。換句話說，那些具有最多財富與資產的村落，完

整呈現其社會階層化的程度是最高的。我們從 1885 年的石碑當中找出的功名持有者，做為整個右堆的代表人物，全都出身於土地調查所涵蓋的範圍之內，因而增強我的信心，就整個大瀰濃諸村落所構成的社群而言，土地調查提供了充足的分析資料。由於我正在運用這些地籍資料，必須優先以土地持有情形做為索引指標，必須依憑這項指標來檢證其他的指標。儘管說，在晚帝國時期的土地所有權特別關連到社經地位的其他層面，這很難成為一個原創的說法，然而，若將土地所有權視為決定整體社經地位的要素，則是失之武斷；這樣的推論程序將會規避許多需要解決的問題，例如，經由科舉考試或捐官取得功名所獲致的商業經營成功或成就，所導致的進一步土地資產累積的程度究竟有多少。不過，就整個晚帝國時期的農業中國來看，顯而易見的是土地確實是主要經濟資產：因此在土地所有權或其他權利取得能力的各種相對差異，到描述在整體財富方面的相對差異，還有很長的一段路要走。儘管如此，我在這裡所處理的情況當中，土地是唯一的經濟資產或財產形式，因為我的其他所有的指標都落在社會與政治領域。

為了從土地調查資料產生一套索引，我必須為調查資料所涵蓋的各種不同項目編派價值，列在較廣大的範疇之下，包括土地區位、土地類型與土地權屬等。有些項目，比如土地稅金與水利規費，在編製這套索引時並未納入。以土地區位而言，我運用前述的土地臺帳所登載的每筆土地之區位，做為最終的判定依據；同樣地，我運用相同的資料來源做為編派土地類別的依據，由日本政府所清丈的全部土地資料，歸入下述的 9 個類別：

土地類別	面積（單位：甲）	所佔比例
水田	1732.5126	39.56%
旱地	1983.2840	45.29%
建地	188.7459	2.16%
墓地	32.7040	0.37%
廟地	0.5755	0.01%

（續上頁）

土地類別	面積（單位：甲）	所佔比例
雜項	0.3905	0.00%
山地	4.5135	0.05%
水塘	28.2925	0.32%
未墾地	408.0955	9.32%
總面積	4379.1140	

水田、旱地與未墾地，以其所占全區土地面積之比例，無疑是最主要的土地類別，而且同時就經濟重要性與個別家庭所有權而言，亦是如此。墓地與廟地的生產性及經濟收入價值極低，而且幾乎全由法人組織或社區所持有。山地、雜項土地與埤塘稀疏分布，以致就算納入索引也不會造成顯著改變。我運用表列的建地所有權，並非將其視為資產的指標，而是社區住民的基本資料。似乎相當明顯的是，在土地調查的涵蓋區域中，每個家庭的戶長實質上至少是一筆建地的所有權者，而且這些建地絕大多數都是家族居住的夥房。既然這些建地大多是由前幾代夥房創建者的父系子孫世代居住的家族夥房，無須感到驚訝的是，大部分登載的建地都有複數持有者，有的多達 8、9 個，如此的複數持有情形，事實上描繪出當時以家族領袖為主的夥房組成結構。雖然複數持有也呈現在少數其他類別的土地權屬登載資料上，大多數是登載為單一持有者。必須謹記的是，這些登載的持有者事實上就是家族的領袖，而將土地產權登載在一人名下的情形，比較像是日本政府官僚體制強制運作的結果，而非民間財產體系的實際情形；一如眾所周知，大部分情形下，土地產權的權屬依然是家族。

關連到這 3 種土地類別——水田、旱地與未墾地——就是土地調查所描繪的各種不同類型的土地運用或財產權利，有些是晚帝國時期經濟文化所推動的結果，但其他的，唉！則是日本政府官僚體制強制運作的結果，有需要從當地在清治時期已形成的類別來進行再詮釋。由於每個類別都涉及從土地資產所獲得報酬的品質差異，我必須針對每個類別指定一種不同的價值基準，以決定整體的排序。土地調查所涵蓋的土地使用權利類別如下：

1. 業主。這可被視為完整的「持有權」——在所有情況下，這涉及繳納土地稅賦的責任；而在許多情況下，也涉及水利費用——但僅僅出現在欠缺下述其他資產權利的情況之下。

2. 典或是基於可贖回買賣的持有權。正如眾所周知的，此種情形涉及在某一段指定期間內——在瀰濃通常是 5 年——由典主付給原地主一筆約定價金，做為土地使用權轉移的代價，期滿之後，在原地主返還價金的情況下，土地歸還給原地主。直到土地贖回之前，實質上，典主或是典權持有者對於這筆土地具有相當於業主的控制權。

3. 管理人或經理。這是土地調查強制設定的類別。在大部分情況下，一筆被查認是有一個「管理人」的土地，將被登載為屬於瀰濃常見的股份制法人所持有，此類法人大多是籌組來紀念及崇敬神祇與祖先，而且總共擁有瀰濃全境三分之一的水田。就我們眼前的分析目的而言，只要先這樣說就夠了：由這些法人所擁有土地的實際經營方式，很難透過合乎日本政府要求的方式——每一筆非由個人所持有的土地，都必須找出一位管理人（也就是說，在土地調查之中，每個家庭都由戶長代表來持有土地）——而被精確描述。事實上，這類法人的實際財務管理，在許多（就算並非絕大多數）情況下，是由股東輪流擔任，而依著登記的需要而來確認管理人，有時法人就必須讓出某筆特定土地之控制權，而在其他情況下，由法人指派其內部一位具影響力之人登記為管理人，但他不見得具有長期的管理責任。

在計算社會序列時，我必須將土地調查中登記為法人土地管理人者的計算數值低估。在土地調查裡，將某人認定為某筆私人土地管理人的情形非常少見，但從關於地方經濟文化的角度來看，這是更精確的描述；這是由於這類管理人往往掌控亡故或因各項理由退休的會員所擁有的土地，若是管理人與土地登記列冊的所有人屬於同一家族，以至於這位管理人有可能是土地調查列冊的整個家族的唯一尚存者，可以準確認定他代表該家族，並依此考量他在階層化指標裡面的定位。

4. 透過典賣而持有之土地的管理人正如典主或典權持有者對土地享有相當於業主或資產所有者的控制權，同樣地由股份制法人透過業主出典而取得的土地，其相關權利同樣會被登載在管理人之下。那麼，前面曾討論的管理人相關問題，在此也一體適用。

5. 大租或大租權。一如眾所周知，「大租」與「小租」或「下租權」在清朝臺灣與中國大陸的廣大地區（有時可能採用不同名稱），都可當成單獨的流通商品而被購買或出售。小租權持有者必須支付一筆約定的費用給大租權持有者，而後者須負責繳納土地賦稅。當土地調查資料上註明某筆土地有大租，依其事實，就表示所有人或業主是小租權持有者。

　　我的階層化索引是依據土地調查在各區域所登載的土地產權總數，並視其持有土地種類及土地權利種類而定。在一筆水田全由調查列冊的業主所持有，既無分離的經營權也未出典給他人，那麼這筆土地的總面積就計入那個人的階層化分數裡頭。水田經由出典而移轉使用權，同樣地其分數全部算到透過此項移轉而取得土地的那一方。在「管理人」這個類別涵蓋了各種不同情況，然而這項指稱確實顯示這個人具備取得該筆土地的生產物的某些權利，基於建構階層化分數的目的，我會將該筆水田面積的一半數值歸給列冊為管理人者。依據這項基礎，一個人被列名為透過出典取得之水田的管理人，同樣登載該水田面積的一半數值到其名下。水田大租權持有者則獲得其面積的八分之一數值，如此列載為大租權管理人者則會獲得面積十六分之一的數值。然而在全部水稻田當中，約有三分之一負擔大租權的情況下，我並未減少小租權持有者的數值。旱地所有權部分依循相同比例的數值計算，除了說全部的數值是水田的一半，而登載為未墾地的數值則為水田的四分之一。這一套數值計算架構是概略推算且隨意派定的，然而它確實反映水田在地方經濟裡頭的優勢地位，而且在土地調查所涵蓋的全部土地範圍內，水田面積總計大約 40% 的情況下，對於數值分數所做的任何修訂，不大可能會對全盤結果產生重大改變。

　　回到階層化索引本身，土地調查提供了總數 2,330 位個人的資料，或是在扣除非本區域居民之後的 2,152 位。這些就是在瀰濃登記在案的土地所

有人，或是由其他方式擁有各項土地權利者，雖然，如同前面所提，他們實際上是戶長，被視同法人的家戶則是所有者。並不令人驚訝但依然值得一提的是，在這整套資料當中女性近乎全然缺席，在登載的 2,330 位當中只有 5 位是女性。其中一位女性名下的土地，登記了一位男性管理人，而我合理推斷其他登載的女性是寡婦，就算有兒子的話，依然過於年幼而無法登記為戶長。在 2,152 位本地所有人當中，有 629 位，或是相當於總數的 29%，登載為僅僅擁有建地的所有權，他們的所有權通常是依據父系親屬身分，而住在早已建成的當地夥房之中。即使在這些人當中，可能有些人在這項土地調查資料的涵蓋範圍以外的地方擁有土地，但我將他們視為大多代表著沒有土地的一群，其中佃戶占多數，雖然有些人可能是短期或長期的田地傭工，或是從事各種非農業工作者。無疑的，有些佃戶耕作祖嘗或其他性質法人擁有的田地，他們是會員，在這些法人擁有或透過出典取得全瀰濃大約三分之一水田的情況下；其他土地顯然必須被解釋成更大面積的瀰濃私人地主所擁有的資產，可以理解的是，一個佃戶可能會超過一位以上的地主，而在某些情況下也可能擁有自己的土地。雖說如此，這 629 位僅僅擁有建地者，明顯指出有極大比例的無田地居民，切合了土地所有權集中於法人組織與一小群私人家族地主之間的情況。舉例來說，在階層化索引上頭，排名前 4 名的人士所擁有或購得的典權，多達水田 113 甲及旱地 99 甲，相當於前者的 15% 及後者的大約 5%，而在表列前 50 名者相當於全部登記人數的 2% 強，握有水田 346 甲（約合總數 47%），以及旱地 421 甲（約合總數 21%）。雖說並未出現土地由一或二個家族所把持的極端地主主義的集中，然而就相關個別家庭土地所有權而論，確實集中在索引頂端的那群人手上，然而此點，加上法人的土地所有權情形，可解釋大多數的現象。

在將社會及政治差異化的衡量標準關連到土地為基準的索引系統，一開頭必須要說明白的是：所有可取得資料確實都有其限制。幾乎所有的男人都有超過一個名字的事實，就意味著單單依據這個基礎，我就有可能會漏失某些連結。然後還有純粹時間推移的問題，比如說瀰濃的科舉功名持

有者到了 1902 年時幾乎都不在了；類似的情形發生在 1885 年的石碑與土地調查之間又相隔約 18 年，毫不意外的是，在石碑上刻名的 68 人之中，只有 8 位（不到 12%）的名字，可在索引裡面找到，因為有許多人在日本人進行調查之前就已去世。同樣情形也發生在 1890 年的石碑一事上，但顯然並沒有那麼嚴重，在石碑所刻的 115 個名字當中，共有 35 位（超過 30%）可在索引裡頭找到。我尚未大規模採取長時間或跨世代觀點，帶入差異化的分析，但在數個案例之中，我一邊在石碑，一邊在土地產權索引之間，查認出若干父子連結關係。這類的資料比對工作，隨著戶籍資料持續整理之下，將會變得更容易也能期待有更大量結果。

在心裡帶著這些警訊，我想要朝向這套階層化索引的較高端，並且探究其與社會及政治地位指標之間的關連性。土地調查資料提供了探討功名持有者地位與土地資產之間關係的機會，藉此釐清在社群的領導地位以及藉由科舉或捐官而從國家取得的功名之間，所具有的相互連結。首先，值得注意的是在經濟索引的前三名全都獲有功名，其中最高的兩位宋德昌與宋守四都是捐官取得功名，而第三名的生員林寶叔則透過考試表現而取得功名。這 3 人都未列名在 1885 年的石碑上，但宋德昌則以一個中等水準捐款者（銀圓 2 元）的身分出現在 1890 年的石碑上；更重要的事實是頭兩位都曾擔任以瀰濃為中心的右堆的副總理，先是在日本人來到臺灣接收前的混亂時期，基於保衛地方的需要而動員起來，然後在日本人向瀰濃地區推進時與之交戰。而在土地產權索引排名第三的生員，除了他的科舉功名之外，在社會與政治地位方面並沒有單獨的跡象；然而這是由於其父親林其英在當時才剛剛過世，其實林其英的地位頗高，曾擔任右堆總理與瀰濃庄管事，也在 1885 年的石碑上被認定具有村莊耆老的身分，凡此種種再加上他熱心當地社會公益的事蹟，例如終其一生踴躍捐出田產來支持筏渡會等等。如此這些位居瀰濃經濟頂端者，毫不意外地具有類似的社會與政治地位，尤其就瀰濃公共事務及同時參與右堆組織事務方面（以個人身分，或某種情形下，以右堆總理的持有功名的兒子的名義），他們也是更高層級的整個六堆組織社會行動的主要參與者；而憑藉他們持有的功名，在整個大

帝國的地理範圍內，以及從帝國價值或地方所詮釋的帝國價值方面，比如標舉效忠大清的主張，而讓他們在當地從事的社會活動獲得正當性。

排名第四的林秀春，雖然並未獲有功名，但勢必跟功名持有者有著密切的往來，包括經濟實力在他之上的那 3 位；事實上他是排名第三的林寶叔的姪子（兄長的兒子），也就是林其英的孫子。林秀春也是社群行動者，在 1890 年瀰濃的福德碑以及 1894 年南邊內埔附近的六堆忠義亭碑，都有他的捐獻紀錄。但倘若林秀春的地位似乎意味著跨越世代社經優勢的維持延續，這個假設需要受到修正，事實在於他是三兄弟當中的大哥，有一位弟弟位居第 74 位——依然很高——另一位弟弟則位居底層且名下沒有土地。換句話說，在日本人進行土地調查的當時，這三兄弟的社經地位的差異，可能反映出向上與向下的流動，相當於或勝過於跨越三個世代的家庭發展與分家的連續性。

劉添那位居第五，也是在位居經濟實力頂端者當中，第一位無法在索引之外找到任何有關他在地方事務具有社會與政治上顯著表現的證據。[4] 事實上在依據土地產權索引排名前 50 名當中，有 35 位缺乏這類證據。同樣的，在土地產權光譜中，從前面所見的最頂端到最底端，可以清楚辨識出此類證據者有 61 位，包括有 6 位是名下無土地者。固然，以土地產權索引排名所代表的財富狀況，確實跟其他社會政治地位有關，在排名序位較低者與具有這類證據者的人數比例漸減之間具有關連性。名下無土地者計有629 人，或是約等於全體的 29%，為便於比較起見，首先將 1,523 位有土地資產者依排序順位分成 3 組，連同名下無土地者來一起審視，如下表：

排序範圍	1-507	508-1015	1016-1523	無地者
人數	507	508	508	629
社經地位證實人數	26	7	7	2
所佔比例	2	1		

4　譯註：劉添那是金瓜寮庄人，也是法師祀的倡首人與主要成員。

　　我們先來關注功名持有者，從表 1 可以看到，在土地資產與持有科舉功名之間具有強烈但很難說是不變的連結，儘管在日本戰勝且佔據臺灣之後，有許多不同排名的功名持有者遷回中國大陸，其人數不詳。在土地調查的 2,152 人中已知有 15 位功名持有者，前 7 位之中排序最低者位居第 64 名，屬於全體最頂端的 3%；前 10 位功名持有者，排序最低者位居第 244 名，屬於全體的前 23%；即使在全部 15 位功名持有者當中排序第 13 者，依然是落在土地調查資料所涵蓋的全體人數的前 47%。整體來說，只有 2 位功名持有者落在這個群體的後半部。功名持有者群集於土地普查資料的頂端，部分可歸因於排名前 7 名的功名持有者當中，有 3 位貢生持有名義上較高的等級，其他 10 位的身分為生員、廩生、庠生或武生員（軍事的生員），如表 1 所示。但這 10 位都是通過科舉考試獲得功名，儘管這 9 位屬於最低位階的功名，而且一位武生員就名望與學識要求而言又更低一級。既然貢生的功名通常是透過捐官取得，毫不令人意外的是，瀰濃的最富裕人士會設法取得；只要這麼做，他們就可讓自己躋身全國持有功名的仕紳菁英之列，具有進入官場的特權，成為地方仕紳菁英的一員，尤其是在客家六堆組織的範圍之內，而且同時為自己取得額外資格，成為瀰濃右堆地區的社群仕紳菁英的一員。而那些透過考試金榜題名而取得功名者，在藉由土地調查資料所決定的排名裡面位居高低不一的位階，似乎支持了一種觀點：科舉考試的運作是社會階級流動的推動器，至少部分獨立於其他因素之外，即便是通過最低等級考試，都可讓一個人邁入社會上及政治上的有利位置，經濟利益可能也從這個位置流入，或是較發達家族更能為子弟提供教育機會，追求科舉考試的成就，並不令人感到驚訝的是，在 10 位透過科舉考試取得功名者中，有 8 位在土地調查資料的排序位居前 23%。同樣位居排序前 23%，有一位也是捐官取得的監生功名，但其排名與聲望略遜於貢生。

表 1　瀰濃有功名者土地資產排序與功名對照表

土地資產排序	功名
1	例貢生
2	貢生
3	生員
30	生員
33	稟生
50	貢生
64	生員
195	生員
242	武生員
244	生員
496	監生
984	生員
1,013	恩貢生
1,431	庠生
無地者	生員

　　至於在土地調查資料的排名序列最低的兩位功名持有者，必須銘記的是透過考試而取得較低等級功名者，往往會教書來貼補收入，而且這似乎就是兩位瀰濃當地學者的情況；他們都是地方知名人士，而且至少有一位持續在日本統治下設置的新制學校教授漢文科目。地籍資料索引的排序並未標示非農業收入，對某些人來說，就是藉著取得功名所提供的訓練與聲望為基礎，所能獲得的預期收入。有待回答的問題是，為何有些功名持有者會選擇維持或拓展其擁有的土地，而其他則沒有。任何情形下，功名持有者及持有功名這件事在瀰濃社會所具有的重要性，當然證實了清朝的帝

國體制與仕紳菁英文化的徹底滲透，即使瀰濃可能只被認定為位於帝國的拓墾邊陲地帶。由於瀰濃這個社群被組織成為六堆的右堆，標舉其做為義民義勇軍的合法性，在有事時組訓，以捍衛皇朝為職志，這種情形下，在瀰濃及六堆其他地區，參與整個帝國的大社會的意識強度，可能會比位居帝國許多更核心的地帶更強烈。

在構成右堆瀰濃社會的各個村莊內部，另一個重要職位是庄頭的管事，是由知縣經諮詢當地功名持有者之後所指派的，負責處理地方日常事務、收稅，有時也代理收取大租。從土地調查資料裡頭所找出的 4 位曾任管事者，分別排序在 6、16、83 及 294，如此全都落在以土地資產為指標的財富排名的前 14%，而且除開最後一位的話，其他 3 人則落在前 4% 以內。即使說在這 4 位管事以外的另一位管事，後來被授予功名，然而土地調查資料所涵蓋的這 4 位在任職期間並未獲得功名，在日本佔領之後他們的管事職位就告中斷。一如在帝國的其他地方，地方重要職務的任命一般限定由非功名持有者出任，這是由於地方上的功名持有者與知縣處在社會上的平等地位，無論他們具有不同的功名層級，因此若是功名持有者出任管事，在體制上必須從屬於知縣，可能會出現一堆問題。無論如何，擔任村莊管事者必定在地方上擁有相當的名望及權力；現有許多證據呈現他們涉入當地人民經濟生活的情形，包括管事的印章經常蓋在當時的土地買賣契約裡頭，證明了該筆土地的稅賦責任連同土地一併轉移。管事遠比功名持有者，更常限定在地籍資料索引上的較高層級，人們會預期擔任管事職位的人必須具備的特性，包括了財富與經營能力。

1885 年知縣的告示

這份勒刻於石碑的文件提供了重要證據，關於截至目前為止所討論的較高社會政治地位的特質，如何被結合起來，以界定地方仕紳菁英。此碑文亦同時介紹仕紳菁英地位的其他判準，這值得進一步評論。首先，石碑全文如下：

端風正俗碑

補用清軍府代理鳳山縣正堂、加十級、記錄十次李，為出示嚴禁事。

案據港西上里瀰濃等庄恩貢生宋及鋒、廩生曾翰元、生員劉杞、監生宋廷均、庄耆林其英、管事林盈□等簽呈稱：「臺地民俗強悍、每起爭端、輒傷人命、每因命案即乘機混搶、牽累無辜、而正兇逍遙事外、甚至有傷致死、自行毒斃圖賴、亦有他處殺傷人命而波及同姓之人、因而被搶家財者、此種惡習、歷歷可數、呈請出示嚴禁。」等情到縣。

據此，查殺人抵命，律有明文；若藉命圖詐牽累無辜，以及擇肥仇板、乘機刮搶，種種不法妄為，各有應得之罪。此等習風不可長，亟應出示嚴禁，以靖地方。除廩批示外，合出示。為此，示仰該庄諸色人等知悉：嗣後如遇真命案，務須即時報官詣驗，拘兇懲辦，不得私自相報復，牽累無辜；並不準藉命圖詐、擇肥混搶。自示以後，各宜痛改前愆，不咎既往；倘感仍蹈故轍，一經訪聞或被告發，定即從嚴拘訊，照例治罪。本縣言出法隨，決不稍從寬貸也。其各凜遵，毋違！特示。

光緒乙酉拾壹年柒月吉日給。

與當人、連庄人等遵守，加立合約，各誡子弟。倘遇命案，無論大小姓，不許乘機混搶兇首及伊同姓人等家物牛隻等項：如有持強不遵約者，□我庄人立即統眾圍挈、鳴官究追，然後論命案真偽，勿謂與眾人無干也。有言在先，毋□妄為。各庄姓名開列于后：

永安庄：林伯璋、林上榮、林登榮、林登雲、林富英、宋楹光、張漢樞、吳塗、黃熠光、黃秀行、鍾啟基、邱國揚、鍾揚、徐望喬、王亮文、陳慶炎、劉昌仁、李興盛、古阿郎、楊春霖、張連光、鄭增喜。柚仔林：張先福、林雲輝。牛埔庄：邱進財、陳阿仁。中壇庄：劉祿員、劉思敏。金瓜寮：劉守乾。竹頭背：傅汐華、黃新運、

鍾同淑、傅翔雲。九芎林：溫金華、溫阿生。龍肚：謝思贊、陳才
元、蕭振先、羅文忠、宋炳淑、陳阿藩、蕭寶郎、鍾阿興。東振新
庄：楊純熙、梁廷暖、賴連興、溫保貞、劉輝山、邱永光。大埔庄：
蕭再成、黃連丁、劉阿捷。

就我們瞭解當時仕紳菁英階級的成分與社會差異化的目的而言，這個
碑文在幾個方面是很有助益的。首先，從知縣做為政府代表的角度來看，
它提供了兩個類型的仕紳菁英的組成情形：一類是向知縣提出陳情者，另
一類則是在連庄合約上頭簽名者。顯然，這一群陳情者具有擔任社群領導
層的優越地位，因為此事係由地方上的功名持有者所主導，雖然說也有某
些重要性的是，此組人並非完全限定為功名持有者。也列名在這個群體的
林其英，被稱為「庄耆」（村莊長老），當年是瀰濃最富裕者之一，他先前
曾任管事。當時擔任瀰濃庄管事者也列名在陳情者當中，如此瀰濃庄無論
是透過科舉考試或捐官的功名持有者，歷任及現任的管事，均被認定是由
多個村莊所組成的右堆層級，彼此互動的地方仕紳菁英的成員。右堆最大
聚落的瀰濃庄，其歷任及現任管事均列名在這群仕紳菁英當中。其次，次
一等級的仕紳菁英則依據各庄層級列出，據此可提供關於哪些人是「雙重
仕紳菁英」，他們在自己聚落當中十分重要，足以在「連庄」的較高等級跨
村莊脈絡當中，以各庄代表的身分簽名，事實上「連庄」的組成分子就跟運
作多年的客家共同體六堆的右堆組織一模一樣。

這 1885 年的告示碑文，明顯確認在村莊內部的同姓做為明確的父系
宗族群體，因而也提供一個第三層級、甚至更低層級的地方社會組織，其
中也可找出其仕紳菁英的身分。這篇告示碑文關注的是不同姓氏之間的
爭鬥，顯露出在清代瀰濃姓氏團結的重要性。雖然我在其他地方（Cohen,
1969, 1993, 1999）曾討論這類的同姓團結，在這裡暫且將它們看作是額外
的容器，用來界定社會差異化的定義與表現的形式，也是合宜的。就如庄
頭的仕紳菁英只能由庄頭內部，而且只有在跟整個村莊居民相對照時，才
得以被界定；以至於在某個村落，依照經濟能力與其他判斷標準，會把某
人定位在該庄社會與政治組織的最頂端，而在另一個更大更富裕的聚落，

他可能只被擺在社會的中等地位，因此同姓嘗會可提供另一個脈絡，在那裡社會地位可能相當於資產規模與財富。在同姓的例子當中，這些提供背景資料的不同單位，其範圍從當地夥房或其他父系嘗會組織，到更大型的同姓嘗會法人，這在瀰濃乃至南臺灣六堆區域都可見到。如表 2 所示，從連庄合約聯署者的姓氏分布來看，很清楚的是這個合約的成敗關鍵在於透過各庄主要姓氏的代表署名所做的承諾。因此，在合約所列的 12 個庄頭的聯署人來看，只有極低比例的姓氏重複情形。其中最大的例外是有 4 個林姓人士——其中一位經查認是功名持有者——在合約上署名，代表著林姓在瀰濃境內的強大地位，碑文標示為瀰濃的別名永安庄。那麼列名在碑文前半部的人是向知縣提出陳情者，有兩位林氏人士被標示為同樣來自瀰濃庄的「庄耆」與管事。但即使在瀰濃庄，在 20 個署名當中出現了 15 個姓氏；除了金瓜寮只有 1 人署名外，在其他 10 個庄頭當中，有 7 個並未出現姓氏重複的情形，而在其他出現署名姓氏重複的情況，只有 6 個姓氏重複出現兩次。那麼以某個姓氏擔任代表，在這種在地化宗族群體的脈絡當中，通常是處在較大規模的多姓村聚落，意味在那個脈絡當中，具有較高社會地位。

在這些陳情者當中，可在土地調查資料查到的只有功名持有者宋及鋒，他位列第 1,013 名，或是在第 47 個百分位。在連庄合約的聯署者當中，可以查到其中 7 位的資料；其中 2 位必須要排除，因為他們來自新威庄，不在當今美濃鎮範圍之內，他們只是因為在現今美濃鎮範圍內擁有土地，而被列名在土地調查資料中。其他 5 位在土地調查量表當中，分別排名第 10、35、111、124 和 1,419 名。摒除最後一位的話，他們全都落在前 6% 以內，最後一位則是排在第 65 百分位。時至今日，我無法解釋這位序位排名極低的聯署者如何謎樣出現，即使應該要記得的是：規模大小不同的姓氏宗親團體，勢必會基於需要而推出他們的仕紳菁英，相對於這個特定姓氏群體的其他成員所具有的地位。對其他人來說，他們必定展現出一個關聯性，介於在較大地方社群當中擁有較多土地資產財富，以及在姓氏嘗會當中的仕紳菁英代表地位，兩者之間的連結關係。

　　從官方觀點來看，這就是由各庄頭聯合簽署的合約，而從地方角度來看，則是一個先前已存在的社群，這是自從 1721 年朱一貴起事之後，就由地方團練部署所架構而成，後來在 1736 年將瀰濃納入其中的右堆。那麼除了將這碑文用來分析社會差異化之外，其內容是大多聚焦於各庄內部的問題，確認了各庄做為右堆的組成分子，右堆其實是一個地域社群，表達其為一個整體。然而，知縣的告示明確聚焦於在這個大社群內部的暴力衝突，尤其是沿著姓氏界線所發生的爭鬥，這一點，或許很諷刺地，成為進一步的證據，右堆是由諸多庄頭所組成，其實是一個多元村落或是「高層次」社群，而非僅僅是由諸多客家庄頭所組成的一個群體，時而團結成一個團練組織而已。在這個大社群當中，較小規模的庄頭與同姓或其他由宗親關係所界定的團體，構成了「低階」成分，導致了社會領域交疊的安排方式，其中社會及經濟差異的表現方式，以及對於積極參與分子所提供的各種機會，產生了眾多且複雜的表現形式。

表 2　1885 年（清光緒 11 年）端風正俗碑各庄聯署人姓氏分布表

姓氏別	永安	柚子林	牛埔	中壇	金瓜寮	竹頭背	九芎林	龍肚	東振新	大埔	新寮	新威
王	1											
古	1											
朱								1				
吳	1											
宋	1											
林	4	1										1
邱	1		1						1			1
徐	1										1	1
張	2	1										
梁									1			
陳	1		1					2				1
傅						2						
曾												1
馮							1					

（續上頁）

姓氏別	永安	柚子林	牛埔	中壇	金瓜寮	竹頭背	九芎林	龍肚	東振新	大埔	新寮	新威
黃	2					1				1	1	1
楊	1								1			
溫							1		1			
葉										1		
劉	1			2	1				1	1		1
鄭	1											
蕭								2				
賴									1			
謝								1				
鍾	1					1		1			1	
羅								1				
總聯署人數	20	2	2	2	1	4	2	8	6	3	3	7
各庄聯署不同姓氏數	15	2	2	1	1	3	2	6	6	3	3	7

1890 年的碑文

此碑僅在碑頭勒文：「重修福德壇」，在其右側刻記「光緒十六年季春月吉日，捐題銀員芳名碑」（1890）。碑體列出 115 位捐獻者的名字，根據其捐獻數額由多至少排列，由銀圓 4 元、3 元、2 元、1 元到 0.5 元。這種勒石屬於一種表彰公共捐獻的做法，從清朝乃至今日臺灣及中國都是常見的。它在提供社會差異化訊息方面的用途，看來是顯而易見的，然而它最有用之處，確實是在能夠也取得其他資料，來提供更廣泛與比較性的背景脈絡之時。重點不僅在於這份捐獻名冊之中有著多麼顯著的數額差異，可能會或可能不會連結到其他的經濟、社會與政治的地位的判準；更是在於一個社群當中捐款者的分布狀況，這個社群也包含其他並未捐款者。

　　石碑的內文焦點是瀰濃庄福德壇，因此捐獻者大多侷限於整個右堆區域之中的這個村莊。但即使存在著這樣的限制，且立碑時間與土地調查之間歷經 12 年的時光，然而這 115 位捐獻者的名字，有 35 位同時也出現在土地調查資料裡頭，確實傳達了一個有趣的捐獻模式，如表 3 所示。最值得一提的是，當我們與稍早討論的資料來做比較時，就是參與者的範圍橫跨整個土地調查的排序名單，包括排序較低者也充分參與，有 5 位捐獻者屬於無土地資產的類別。較不令人感到驚訝的事實是，較大數額的捐款傾向於群集在排序名單的上層者，但依然有些排名極高者的捐款數額竟然跟無土地資產者相同。以土地調查的 1902 年時瀰濃庄有大約 600 位戶長來看，顯而易見的是稍早在 1890 年所記錄的 115 名捐獻者，幾乎不可能涵蓋當年全部的戶長，因此這個功德碑所顯示的內容並非強制捐獻的結果。這個碑文做為社會與經濟差異化的衡量標準，其功用極其有限，正因為這只是宗教捐獻的一項紀錄。事實上兩位捐獻最高額 4 元的其中一位，在土地調查資料索引中排名第 35 位，也是先前 1885 年連庄合約的聯署者；而排名第 64 位的另一位則是功名持有者，稍後則擔任右堆總理。先前提及的排名第 4 位的這位人士具有傑出社會表現，但他捐款 3 元，這個金額跟一位排名第 688 位者相同。類似的情況，同樣 2 元的捐款，來自非常有名望的排名第 1 位者，以及來自排名還算很高的第 153 位者，這個人沒有任何資料顯示其社會政治的傑出表現或熱衷參與，很難讓人信服在捐獻與社會地位之間具有很強關連性，尤其看到排名序列高達第 10 位與第 20 位者，卻分別僅捐款最低的 1 元與 0.5 元的情形。最富裕的這群人捐款額度有著極大變異，以及最貧窮者捐款確實是慷慨解囊，在這兩種情況下，看來這份名單反映了人們有著不一樣且混雜的捐款動機，從宗教情懷到仕紳菁英階級成員想藉此展現對社區公益福祉的貢獻等等，想法不一而足。這個捐獻功德碑有助於我們理解當時整體的社會與經濟差異化，更甚於此，捐獻名單強調的是在這個社群單位的宗教架構，這對於這些差異化帶來嚴酷的考驗。

表 3　1890 年重修福德壇石碑之捐獻者紀錄（依土地調查排序）

排名	捐獻金額	排名	捐獻金額
1	2.0	695	0.5
4	3.0	720	1.0
10	1.0	725	0.5
20	0.5	815	1.0
29	0.5	877	1.0
35	4.0	880	0.5
37	0.5	1,240	0.5
64	4.0	1,256	1.0
86	0.5	1,305	1.0
120	0.5	1,306	0.5
142	0.5	1,338	1.0
153	2.0	1,487	1.0
337	0.5	無地者	0.5
371	1.0	無地者	0.5
407	0.5	無地者	1.0
425	1.0	無地者	0.5
627	0.5	無地者	0.5
688	3.0		

1894 年的碑文

這座石碑同樣屬於捐獻功德碑的類型，屬於一組三座石碑的其中一座。此碑記錄了位在屏東內埔附近的西勢忠義祠，這是整個六堆共同體的一個社會政治與宗教活動的核心地點，在 1894 年重建經費的捐款紀錄，這座石碑也是在該祠內被發現。這 3 座石碑全都記錄用在 1894 年忠義祠重建計畫的捐款，但只有其中一座所介紹的內容似乎有來自瀰濃地區的捐款。整體來看，這 3 座石碑臚列來自六堆共同體全境的個人與團體捐款，其中瀰濃屬於最北方的右堆。因此它們的涵蓋範圍非常近似於屏東內埔的天后宮在 1803 年與 1852 年建造與重修的捐獻功德碑。內埔是六堆區域唯一的大城鎮，以及六堆這個組織的社會、宗教與經濟中心，內埔天后宮也是六堆境內的重要社群機構。由天后宮碑文所提供的資料，已在先前的期刊論文加以敘述（Cohen, 1993），但可惜的是，這些資料無法在此運用，這是由於就算是較晚的 1852 年石碑，顯然也與 1903 年的土地調查資料年代相隔過於遙遠，以致無法在這兩組資料之間交叉比對相同人名。即使如此，天后宮與忠義祠的碑文依然值得放在一起討論，因為這 3 份捐獻名單都顯現，在六堆範圍內所能提供的，最高程度的社會及空間層次的個人及團體的公共事務參與。那麼，並不令人驚訝的是，天后宮與忠義祠的碑文都同樣，功名持有者，包括在整個六堆組織裡頭最高層級者，擔任組織領導者及捐獻者都格外突出。在這個方面，著眼於瀰濃右堆的部分來分析，這些碑文與前述碑文之間僅僅具有數量上的差異，在這個脈絡當中，其表現是依據區域的覆蓋範圍及紀錄而定，以至於瀰濃當年最高層級的功名持有者，只出現在瀰濃為焦點的石碑上，而整個六堆的涵蓋範圍更大，在其高峰時，具有更多數目的功名持有者，其中的某些人——正如僅僅考慮統計學上的或然率——就會比當年生活在瀰濃右堆地區的功名持有者，享有更高的地位。

有一項更重要的差異在於，瀰濃的碑文名單僅出現個人捐獻者，但天后宮與忠義祠的碑文名單很顯然除了個人之外，還包括團體捐獻者。我已在他處（Cohen, 1993）討論這些團體的成員與組織型態，主要是擁有土地

的法人團體，聚焦於奉祀祖先或神明以及其他民間宗教的重要祭祀對象。在這裡重要的是，關連到階層化與差異化，這些法人擔負了向上流動的管道與會員代表性，一些原本無法憑藉其他管道來參與在整個六堆層次事業的人們，能參與其中。換句話說，透過這些法人，在瀰濃及六堆各地的其他聚落的相對普通的一般人，能跟較高層級的大六堆社群的社會宗教事業產生連結。那些個人捐款者也同樣能表現對整個大六堆社群的參與，而且因此成為他們進一步在較低層次的右堆瀰濃社區，關注其地位的依據。很不幸的是，1894 年碑文所列舉的捐獻者無法立即找出他們的原居地，因此只能透過將土地調查資料跟來自個別家庭的全部 64 筆捐獻資料相互比對，才得以找出 4 位瀰濃的捐獻者（這 64 筆來自全部 137 筆，其他來自宗親嘗會及其他法人，以及一些企業商號）。這 4 筆來自瀰濃的捐款都是 2 元，其中一個來自土地資產索引中排名第 3 位的傑出人士，其他則分別來自排名第 34、369 以及 1,269 位者，並沒有關於這幾位在社會與政治傑出表現的其他資料，顯然也沒有任何可從索引排名的角度來感知的模式。

結論

在六堆地方團練的右堆，功名持有者遠比官位持有者更多，雖然即使這些擔任右堆職務者均擁有功名，而瀰濃各庄的管事（至少在職期間）則都沒有功名，但即便如此，他們都屬於地方層次同一群社交往來並具有緊密關係的社群。然而，正如我們前面在討論 1885 年知縣告示碑文討論時所提及的，這個社交緊密社群所包含的人們，比這些擁有正式職銜者還要多。對這個較大規模的地方仕紳階層的更進一步了解，或許要從清治時期擁有瀰濃大約三分之一水田的股份制法人所保存帳冊的分析來獲得。依據目前所取得 38 本的帳冊影印本，屬於清治時期的部分，或許可以呈現出若干資料，例如關於股份所有權運作、經營型態，或是其他有關法人組織活動的不同程度影響力及參與程度等證據，即使說到目前為止，對於這些材料的分析大多聚焦於基本事務，諸如組織、會員身分的分配，及宗教焦點等等。在這同時，值得一提的是，我援引土地調查資料，而找出在財富排名

順序的前 50 名，他們構成了這場調查所涵蓋人口的最頂端 2%，到目前為止的討論當中，足足有 35 人在其他有關仕紳階層社會與政治地位的資料裡頭，不見有任何的著墨。

這並不意味著這些人沒有任何影響力。相反地，筆者就是要提出主張，認為在晚帝國時期高度商品化及社會流動的瀰濃社會，存在著許多社交與社團的活動領域，其正式化的程度不一，而在其中，可能存在著權力與影響力的各種差異的表現方式。擁有資產者可能在或多或少正式的社交架構、結盟或人際網絡當中來做選擇，所能發揮的影響程度也不一；但選擇很多，而且甚至具有較少經濟手段的人們，可以找到管道來支持其社會實踐行動，這事實上也可能是向上社會流動的一種形式。在瀰濃，仕紳菁英的社會實踐行動大多是最正式的，但也是最無所不包的右堆的領導權，但這個組織本質上是民粹主義與鄉土本位的，參與其中者稱為「義民」，他們確實曾動員來保衛或增進當地客家族群的利益，在那個脈絡下，被擊敗可能意味著被驅逐或者更糟的狀況。功名持有者以一個不分階級、全體動員的社群名義，領導平民的團練武力，並在土地公及其他保護神所提供的宗教神聖化，在帝國所賦予的正當性保護下，結合了帝國官方、地方仕紳菁英、民粹主義者與客家族群存續的意志，保家衛土或擴張家園的地盤，而不是迅速被同化進入以階級為基礎的經濟及社會組織的零和模式。

瀰濃的法人：
18 和 19 世紀臺灣的宗教、經濟與地方文化

Minong's Corporations: Religion, Economy and Local Culture in
18th and 19th Century Taiwan *

賴伊凡譯

　　現今臺灣南部的美濃地區，在清代擁有為數眾多的股份制法人，強力展現出常民生活中宗教和經濟的重要面向。法人的章程往往彰顯著地方宗教和儀式，然而，就組織與財產的關係而言，法人不但深植於地方社會，且其展現的經濟面向並不亞於宗教面向。筆者的重點和資料大致符合現今美濃鎮的範圍，不過若以地方社群的角度來看，美濃的範圍延伸（至今依然不斷延伸）超越了鎮界，而包括「右堆」的全部，或是延伸到「六堆」組織當中，這將南臺灣客家族群結合成一個具軍事性質且更大範圍的社群架構（見 Cohen, 1993; Pasternak, 1972）。

　　筆者想要證明，將研究觀點從宗教轉移到經濟文化，將能以「整體觀」，全面彰顯漢人宗教和儀式行為的意義。即便這樣的觀點在邏輯上不可能實現，在概念上依然很有幫助。舉例來說，關於道教、佛教、儒家、祖先崇拜或其他民間信仰的討論，無論是哪一種傳統思想，在中國的宗教架構中往往享有較高地位。若採取其中任何一種傳統思想的角度來探究儀式和信仰的話，將會產生一種研究方法論，就如同將地方宗教觀察所得的整體，放入篩子中，再把研究者特別感興趣的要素，從它的既有脈絡篩離出來。筆者的思考理路當然不是人們常說的中國宗教折衷主義或綜合主義，而是宗教如何構成中國文化。因此，當楊慶堃（Yang, 1961: 25）在他的經

* 譯稿所使用的原文收錄於：徐正光、黃應貴編，《人類學在臺灣的發展：經驗研究篇》（臺北：中央研究院民族學研究所），頁 223-289。

典研究中指出，「幾個世紀以來，把來自不同信仰的眾神明放入同一座寺廟，產生了功能導向的宗教觀，反而將宗教認同的議題擺在次要位置」，由此我們可看到，把有關特定「信仰」的個體性以及認同的宗教基礎這兩個方面的概念，強加在漢人宗教研究之上。因此，另一種「整體觀」的研究取向就是將宗教、經濟、或是任何強加的分析範疇，連結到社會、文化的信仰和習俗的整體。當然，這幾乎不可能實現，因為就算只探討一個特定場合，這就意味著必須描述並分析一切事物。不過，筆者認為學者應以整體觀的精神——也就是宗教本身的樣態——來研究宗教；這意味著，關於宗教的各個成分或面向，究竟如何跟更大的文化和社會背景產生關聯，不應該抱持任何預設立場。儘管這似乎是不言可喻的，但筆者確信許多研究漢人宗教議題的學者，很難不把他們對於宗教這個文化範疇應該是什麼樣子的概念，強加於漢人宗教之上。

在採用整體觀點來同時處理宗教的背景脈絡以及宗教本身時，筆者使用了顯示此一觀點的資料。這些資料與現今南臺灣的美濃鎮有關。美濃就跟臺灣其他地區一樣，在 1895 年被日本併吞之前受清朝統治，從 1736 年開始就不斷有漢人來此定居。[1] 清代此地區稱為瀰濃，日本人於 1920 年將其更名為美濃。由於筆者在本文關注的議題是日治時期之前的那一段，故沿用舊名。[2] 美濃受日本統治時，幾乎全為說客語的人口，筆者估計已有約 9,000 人，其中大多為來自中國大陸的漢人移民後代，或在極少數的幾個例子，本身就是第一代的漢人移民。1895 年末，日本人鎮壓武裝抵抗且瀰濃投降後，在 1902 年進行土地調查時，已控制該地區超過 6 年。即便如此，這些地籍資料所描述的是日治時期以前的土地產權模式，這場土地調查的目的，就是為實施日本土地稅制和新的產權法令而做好準備。換句話說，日本人進行土地調查是為了在調查後開始改變土地權，而他們確實也

1　更早之前，這個地區曾被明代忠臣國姓爺鄭成功所佔。新的滿清統治者將此地列為禁區，直到乾隆元年（1736）才重新開放客家移民進入屯墾。

2　漢字和中文發音從「瀰濃」改為「美濃」；但在日語和客語的發音並未改變。

如此為之。[3] 這些資料顯現了筆者一直在討論的那種觀點，因為它們確實涵蓋了整個瀰濃區域，且指出股份制法人（通常有宗教祭祀對象）列名在主要的地主當中。地籍資料也顯示，在美濃全境共有 2 座寺廟及 7 座戶外祭壇（見表 1 和表 2 的調查資料摘要）。[4] 這九個場所分別祭祀一位特定神祇，具體而微地呈現各自的整體面貌，但不足以反映出美濃宗教信仰的複雜性。而且就算如同土地調查所呈現的，從這些持有土地的法人所展現的更多宗教面向一併觀察，尚不足以彰顯瀰濃地區在日本佔領前夕的宗教意涵。然而，整體觀之，人們選擇用來當作法人章程的諸多宗教要素，確實涵蓋了非常廣泛的宗教生活層面，在關於這些寺廟和祭壇的資料中，特別突顯了宗教領域的重要成分。土地調查資料藉由展現宗教章程對於持有土地的法人所具有的重要性，也顯示著經濟和宗教相互侵入的現象，這可能也透露出，這些看似基本的範疇本身，具有其較不合乎傳統中國背景的特殊文化結構。

其中一個較大範圍的法人是專司祭祀祖先人物。在這些法人當中，其中一種極端是奉祀「近代的」來臺祖，可能早在這個祭祖法人組織成立之前，就已由其後代所祭祀；另一種極端的儀式焦點則是遙遠的祖先，某些據稱是來自中國遠古時代的人物，被法人的籌建者及其後代所接受而認定為他們的宗親。另一大類的法人則是把焦點放在祭祀神明或其他非祖先的超自然存在（筆者在這裡的措辭刻意模糊；見下文）。以清代的帳簿和日治時期的土地調查為基礎，筆者以自己的研究過程當中所接觸的資料來估算，瀰濃至少有超過 110 個祖先法人（嘗）和 70 個其他法人；估計每個法人平均有 20 股，那麼 180 個法人至少提供了 3,600 股。當時瀰濃的人口約

3　在這項調查過程中，無人持有的土地，像是荒地、持有典當土地的嘗會已告解散或未運作等，都被劃歸為「國有地」，也就是日本殖民政府的財產。儘管如此，這項調查對於土地之分類依然參照了清代實際情況。筆者於 1971 至 1972 年與巴博德（Burton Pasternak）教授進行田野調查時共同取得這些資料，包括來自清代瀰濃的文獻紀錄、以及熟知當地歷史之居民所提供的補充資訊。

4　由今觀之，純粹基於宗教目的而興建的建築可謂少得驚人，但也顯示在現今瀰濃（美濃）的大型寺廟，絕大多數源自日治時期。

9,000 人，而且家戶數目自然遠少於此，可知大部分家庭都擁有股權。

這些法人的股權普遍分配到當地的家庭，其中有許多家庭擁有多個法人的股權，尤其是較富裕的家庭。法人會員具有取得法人資產的優先權利，如貸款或租賃法人土地，雖然有些法人明確禁止會員租用法人土地，以避免利益衝突。通常法人會每年或定期發放股利給股東。股份是商品：祖先嘗會限制股東只能將股份售予其他宗親，但其他類型法人的股東可將其股份售予這個社群的任何人或其他法人。

由於土地調查分別從日本政府所劃分的瀰濃 6 個行政村收集土地資料，無法單從地籍資料來確定各類型法人的數量；同一個法人可能擁有位於多個行政村的土地，而這些行政村各自有獨立的地籍資料組合；在不同行政村的不同法人可能具有相同名稱（例如常見的土地公法人）；或某個法人可能會在不同行政村採用不同的名字登記。在大多數情況下，筆者可使用其他資料來調查，特別是法人帳簿，但即使有這些補充資訊，實際的法人數目依然有待確定。儘管如此，就算在欠缺其他資料的情況下，一個法人的宗教章程或其他章程，往往可從其名稱和筆者所掌握的其他資訊來識別。

但是土地登記資料確實顯示了這些法人所具有的全部的宗教、祖先、或其他的屬性。將土地登記資料輸入電腦資料庫後，就能輕易刪除重複的地主名字，並得到完整的名單。在取得完整的法人名單後，筆者進一步將它們區分為「祖先」法人和「其他」法人，如此就切合瀰濃客家人自己的區分方式，界於「嘗」的資產，專司祖先祭祀，以及「會」的資產，可用於資助各種宗教儀式的開銷或更單純的慈善工作。在當地這種區分是很重要的，因為就股權和會員資格而論，他們所依據的成員入會標準截然不同。祖先嘗會訴諸於父系宗譜的框架，其他嘗會的會員招募範圍則結合不同的地域社群和職業社群。

當地對於這項區分方式的強調，以及這些嘗會依據股權基礎而具有相同的經濟架構，有一篇具代表性的陳述出自劉炳文之手。劉炳文是清代出身於瀰濃的生員，他寫下在日本統治初期的瀰濃簡史及當地風俗：

臺灣舊時人設立之會，共有二種，一曰祖會、蓋合本族同一支孫支、欲資積貯、計利營生、如置田園、築廬舍、贌耕出稅、藉其餘資、用申孝享、致敬盡禮、報本返始之意也。若神會則不問何姓人、隨意願欲、鳩金積本、亦如祖會之經營。[5]

（在早期臺灣，人們設置了兩種嘗會。第一種是祖先嘗會，這讓一個宗族的各個分支結合在一起；他們集資來投資獲利，例如購買農地或興建房屋，並由「嘗會會員」耕種這塊土地並支付租金。獲利用於購買祭品及祭祀祖先，以最崇高儀式來表達最深敬意，藉以報答祖先。在神明會裡頭，不論姓氏皆可參加。無論是哪些人，想要聚在一起並累積資金的話，就可以這麼做，其經營方式如同祖先嘗會）。

在土地所有權方面，全部的祖先嘗會所擁有的土地比其他嘗會更多；當然，祖先嘗會在宗教和社會面向的重要性，也絕對不遜於其他嘗會。有些祖先嘗會的祭祀焦點是「受姓祖」，往往是在中國大陸被認定為全國性的姓氏始祖，或是在整個中國南方地區、廣東和福建省，或是構成了客家核心地區的各個不同縣份或縣級以下地區等等層級，所認定的姓氏開基祖。另一些祖先嘗會則祭祀更晚近的大陸或臺灣的祖先。各種不同的祖先嘗會的籌組者採取自我引導，並參考相當廣泛的可能對象，選出用以界定該嘗會性質的祖先祭祀對象，從漢代人物蕭何到晚近故世的先人都是可能的選擇，此一現象驗證了豐富的「宗族文化」，從分析的觀點來看，宗族文化應該跟實際上的宗族團體組成方式區分開來。在臺灣的客家聚落到晚近才形成的情況下，如果僅由臺灣的父系子嗣來組成這類團體，其族譜深度將會很淺，且人數非常少。

瀰濃和其他南臺灣客家地區的宗族文化，係由來自中國大陸的移民所組成與滋養。這個來自中國大陸的傳統，有某些面向值得我們注意，這是

5　這篇劉炳文的無標題手稿，其年代可追溯到 1920 年之前，當時「瀰濃」更名為「美濃」。
　譯註：手稿原文引自劉炳文，〈美濃簡史記〉手稿，收入美濃鎮志編輯委員會編，《美濃鎮志》（高雄：美濃鎮公所，1996），頁 1233。

由於它們關連到瀰濃所興起的宗族文化和宗族組織型態。眾所周知，族譜知識係以書寫或印刷的族譜而被記錄下來，例如在祠堂中祖先牌位上面的銘文、那些美化的磚牆和樑柱的書法、墳前的碑文等，尤其是重要祖先的墳墓。但同等重要的是族譜關係的制度化，它同時運用及充實了族譜知識本身。這種以緊密的宗族社群居住型態所表現的族譜關係制度化，代表著在社會親密程度量表上的其中一個極端，族譜關係有助於架構並塑造日常村落生活。在另一個極端，族譜關係制度化的展現，沿著由一套以階序安排的地域架構所顯現的線路，為主要的宗族祠堂排列其順序，如此從族譜的角度，來建構散布在廣大區域中的整個社群之間的關係，這種關係往往是地方仕紳最主要的關注點。

在大陸，宗族的構成有賴於如此廣袤的地域中的連結族譜關係。如《石窟一徵》所述，在晚清時期客家核心地區鎮平縣境內的鄉鎮城市：

> 俗重宗支，凡大小姓，莫不有祠，在縣城者為宗祠，一村之中，聚族而居，必有家廟。……州城復有大宗祠，則併一州數縣之族而合建者也。……大宗祠者，始祖之廟也。[6]
>
> （當地習俗非常重視宗族分支，縣內無論大姓小姓都有宗祠，在州府則有由各鄉鎮宗族合建的大宗祠，祭祀開基祖。）

在鎮平（今蕉嶺）至少有 21 個不同的姓氏的宗祠，據蕉嶺縣地名錄指出，其「資料不全」（蕉嶺 1992: 669-670）。

在蕉嶺高思鄉程官部的黃氏家譜中，描述了如何紀念黃作賓這位傑出的宗族成員。他是一位擁有崇高功名的政府官員，於 1736 年去世後，在不同的祠堂都有牌位紀念他：鎮平縣的黃氏宗祠、嘉應州府的黃氏宗祠、廣州省會的黃氏書院等。祠堂階序上並沒有反映黃作賓的牌位在族譜的中心地位；相反地，這反而呈現宗族社會的地域性架構，即使在省級層次也可

6　黃釗 [1909]，〈卷四　禮俗一〉，《石窟一徵》（臺北：臺灣學生書局，1970），頁157-158。

將黃作賓視為成員之一，並以他的成就為榮。族譜規模從近祖延伸到遠祖的這個過程，表現在地域範圍由小而大；換言之，當後代所關注的族譜規模越來越大時，透過在不同的城鎮或行政中心建置祠堂，所涵蓋的地域範圍也越來越廣。族譜和行政區層級的結合，形成了宗族文化的一個成分，藉由共同的地域來預先假定一種族譜的關聯性；這種族譜知識就是人們以共同的地域架構來界定其宗族關係，具有層級之分，如鄉（縣級以下地區）、縣、州。

因此，族譜知識預先假定了地域知識，毫不意外的是，最高層級的地域涵蓋範圍就是整個中國，這是藉由使用堂號而呈現的，將每個姓氏對應到一個地方、或漢人在中原地區的起源地（有些姓氏有好幾個堂號，代表有好幾個起源地）。這種以地域範圍對族譜關係的回溯推算，也必定包括遷徙史；某一位在許多世代之前的祖先，由某個宗族村落視為開基祖，但在這個村落之外就未必是重要的關注焦點，除非曾經發生從這個村落向外遷徙，或是其他的認定。在地方祠堂的牌位當中，可以發現有些牌位專司祭祀當地的開基祖，也有些牌位刻有屬於更大地域範圍的受姓祖。因此，關於宗族組織的族譜知識包含著另一個觀點，在強大地方宗族所控制的客家核心地區，這類組織代表著在清代漢人中，可能是最有凝聚力和緊密的多家庭組織。宗族或宗族支派的凝聚力，透過所謂的共同建築而得到支持，在廣西、廣東、福建一帶的客家地區這類建築型式名稱不一而足，包括圍龍屋（尤其在梅縣和蕉嶺）、圍屋（在一些往後建立的縣份以及江西客家地區）、以及土樓或五鳳樓（尤其是在閩西）。[7] 現今聞名的梅縣和蕉嶺圍龍屋是同心半圓形的共同生活區，如此一來，較不會將家庭家戶（family household）定義成一個獨立單位，而比較像是整合進入較大的宗族分支社群之中，在江西西部的圍屋也有類似的安排形式。大概可以這麼說，原本各自分立的住家，藉由建築形式而被納入一個較大的親屬單位，在永定和福建西部的客家核心地區則是達到一個更大程度，如同大型堡壘一般的土

7　關於這些客家建築，參閱林嘉書和林浩，1992；黃漢民，1994；萬幼楠，1997。

樓建築結構，抵禦了外界的任何粗暴的社會分化侵入，在遭受包圍時可向外開火。土樓內部是個同心圓，由相連的生活區塊所組成，每個家戶被吸納進入一種多層式的生活空間，對於全部或大部分的家戶而言，廚房、臥室、儲藏室等的位置都位在不同的樓層。在這些建築結構當中，全都設有祠堂，讓這些互動緊密的社群住在一起，這完全是依據世代與繼嗣標準的基礎。[8] 那麼，最緊密的社群生活關係，就是在宗族組織架構下的族譜關係，由日常生活的語彙所補充。總而言之，這種宗族文化觀點就是一種宗族社群的觀點，緊密交織在他們將眼光投向內部的凝聚力，但同時又存在於一個兼具地域與族譜性質的空間中，因此這種文化取向依據各種情況，淡化並表達在宗族架構之中親人和陌生人之間的區別。[9]

晚清時期一位鎮平宗族成員寫給他住在瀰濃龍肚村臺灣宗親的信，為族譜知識在大陸客家宗族文化的地位，提供了有趣的佐證。全信內容如下：[10]

> 仲夏此刻，暖風拂過楊柳岸，正是我們歡聚的好時機。然而我們被山脈、河流和遙遠的距離阻隔，幾乎不可能相聚。儘管我們分隔兩地，我一直掛念著你。今天我有幸遇到你的親戚阿志、梅霖和鳳興，他們最近從臺灣回到這裡的家鄉。他們提到，起雲的第 20 世後代懷德、以及第 22 世後代增華和友和[11]，現居於臺南鳳山的龍肚村和龍背村，生活富足，子孫滿堂。不幸的是，在我們的家鄉，善韻的

8　雖然筆者對這些住宅內部的社會配置所知有限，但無意否認不同經濟環境下有可能存在的重大差異；相同地，性別和年齡差異在中國社會裡，對於建構社會連帶也舉足輕重。

9　關於在法人化的當地宗族中，會員資格對家庭和社會關係的影響，參閱 Cohen, 1985。

10　譯註：在本文翻譯期間，未能找到信件原稿或影印稿，因此內文依據孔邁隆教授的文字翻譯，並參照《鍾氏大族譜》內容核對在瀰濃的鍾氏家族人士名字。但未列在該族譜的中國祖籍地人名，如慶福、建興，則暫用音譯。

11　譯註：依據《鍾氏大族譜》（頁 43）記載，懷德為第 20 世、友和為第 21 世、增華為第 22 世。

後代並沒有同樣的好運，不知何時才會變得強盛和繁榮。此外，當善韻的後代已經來到慶福和建興時，起貴的第 21 世後代卻只有 6 個小孩，而且非常窮困。我不知道我們何時才能光宗耀祖。再者，善韻和衍澄的墳墓都已殘破不堪。他們的後代都非常窮困，因此無法進行祭祖儀式，也無法整修祖墳。眾人皆云我們在當地有極佳的風水；那為什麼我還是過得如此艱苦？自此時起，我希望你、我的兄長懷德，能認真考慮回來與我們不同（父系）的叔伯和侄子到我們家鄉，來看看我應該如何整修祖墳。否則，我將會日夜憂煩，無法平靜。現在，在我們的家鄉，有許多房屋和土地可供買賣。隨著時代的改變，難道你不曾考慮過返鄉嗎？請你考慮，好好考慮，並永遠不要忘記！文字不足以完全表達我想對你說的話。我真心希望你們增華、懷德和友和事業興旺、運勢亨通。

也請轉達我對（父系）叔伯、侄子和兄弟的問候。

你謙卑的的弟弟慶福寫於 4 月 13 日。

筆者無法確定鍾慶福是否依靠書信，來討論他在臺灣的宗族親戚的族譜關係。根據臺灣出版的《鍾氏大族譜》（鍾進添和馮阿水，1971：20、43），這封信在大陸的寄件者和在美濃龍肚的收件者，其共同祖先包括了信中提到的第 14 代祖善韻和第 15 代祖衍澄，以及第 16 代祖楫芳。根據這份族譜，楫芳有 4 個兒子：其中 2 個去了臺灣，其中包括起雲、起秀，剩下起貴留在大陸。因此，這封信關注的是起雲和起貴兩兄弟第 21 和 22 世的後代，在臺灣和大陸有著不同的命運，起貴是第 17 代，也就是距離鍾慶福 4 或 5 世之前的不同派下子孫。該世代的計算以鍾若水為始祖（第 1 代）。身為徐溪鄉的開基祖，他在廣東客家地區是許多鍾氏家族重要的祖先；正是若水這個人的身分，提供了阿志、梅霖、鳳興和善韻的後代之間的族譜連結，這是我們用其他途徑所無法明確辨別的。然而，至於大陸的慶福和臺灣的懷德、增華和友和，他們之間的宗族連結因一方請求協助而變得明確；然而這項請求的基礎是共同的祖先源頭，遠到足以證實在清朝人們的世界觀之中，回溯宗族關係是深植人心之事。

在臺灣，源自大陸的族譜知識應用於一個截然不同的環境中，那些來自大陸許多不同村落和地區的移民，逐漸形成了父系血緣性質上相當異質的人群。但在移民之初，正是大陸的父系宗族文化提供了宗族凝聚力的理想和族譜知識——採用廣為人知且普遍共享的繼嗣線路形式——因此，來自大陸不同村落和地區的臺灣移民知曉這些共同祖先，而且他們可依靠這些祖先而組織起來。在臺灣，族譜知識跟地理知識（位於中國大陸的發祥地）相結合，由當地知識所提供，而且也在縣級到更上層次由行政體系科層體制所提供：地緣與血緣關係在祖先嘗會的組織合而為一。文獻中經常提到，在臺灣出生的祖先或從大陸遷徙來臺的祖先，其重要性隨著島上所建立漢人移民聚落的時間長度而增加，顯然是因為需要時間來形成當地出生的祖先，而且要有足夠的世代深度，才足以形成類似於大陸在地宗族社群那樣關係緊密的房派。就瀰濃而言，1902 年日本的土地調查記錄了祖先嘗會，這些嘗會從那時回算的 166 年前，第一批說客語的漢人抵達那裡後便開始發展。

因此，土地調查所記錄的嘗會分為兩大類，依其是否祭祀大陸或臺灣的祖先來區分，這種組織分類方式和會員資格無關，因為人們可以擁有多個嘗會的股份。在祭祀大陸祖先的嘗會中，有些聚焦於全國的受姓祖，如周朝的陳胡、漢高祖時期的蕭何；有些則祭祀近代的先驅，如宋代新儒家學者朱熹、宋代學者兼官員廖光景等。由瀰濃的祖先嘗會選為祭祀對象的唐山祖大多是地方的開基祖；而有些嘗會，包括規模最大的嘗會在內，祭祀對象是整個福建和廣東客家核心地區的開基祖。[12] 昔日在臺灣和大陸客家地區，這些主要的地方開基祖都廣為人知（現在亦然），而且在瀰濃，就如同其他地方，這些開基祖的名字大多刻寫在祠堂中央位置的牌位上，連同其他晚近祖先的牌位；換句話說，人們每次進入祠堂時，都會看到這些祖

12　當然，客家核心地區包括廣西在內。但瀰濃當地的族譜和嘗會帳簿的序言內容，反映一項事實，絕大多數的瀰濃客家人從建立時間久遠的廣東省宗族，尤其是在鎮平和梅縣的宗族，來追溯他們的祖源。這些文獻資料裡頭，普遍認定在客家核心地區內部的人群遷徙，是從福建的更早期聚落遷徙至廣東；這是在一套從創始祖先排序的層級關係的脈絡之中，因此與廣西無關。

先的名字，除在特定日子的祭祖之外，更是經常去祠堂，根本就像是日常生活的一部分。由瀰濃各嘗會所祭祀的開基祖包括地方知名人士，如：古宗悅、吳吉甫、李火德、林評事、邱伏、張化孫、黃日新、溫九郎、劉開七和鍾遠等。許多行政區位階較低的祖先也會被當作是代表性的祖先，包括梅縣、鎮平縣以及縣級以下地區（鄉或堡）的開基祖。但筆者還未曾發現任何以祭祀大陸祖先為焦點的瀰濃嘗會，其宗族的勢力範圍限定於村落層級的開基祖，也就是在遷徙來臺的那個時代，大陸宗族的開基祖依然是限定於單一社群當中。對此，儘管筆者尚未掌握充分證據，但很明確的是，就算瀰濃（或臺灣其他地方）有團體祭祀這類村落層級大陸祖先者，數量也不會很多。有鑑於從大陸任何一個特定村落遷徙來臺，而能夠找到彼此住在附近的同鄉相對較少，以祭祀大陸祖先為焦點，確實就代表了一種追求社會緊密程度的宗族意識形態，藉以在同姓但來自大陸不同社群和地區的人們之間，建立這種緊密連結。

　　然而，這種層級較低的宗族認同有可能被吸納，尤其是被那些祭祀主要的地方開基祖的大型嘗會所吸納。幾乎所有的嘗會帳簿的內容，都會包含創會的「股名」名單，每一股的股名通常登記為頭一位股東或選一位崇高祖先的名字。有些嘗會，尤其是成員來自客家六堆地區內許多村落者，會在股名的頂端註記股東在臺灣的村落或城鎮名稱。而其他股份之股名則通常是「戶」，或其在大陸的祖源地。「戶」這個詞彙的字面意義就是「家戶」的意思，在大陸和臺灣的客家地區則有引申意涵，表示「一群擁有相同開基祖的家戶」（鍾進添與馮阿水，1971：58-9）。換句話說，這個詞彙表達出一種特定的地理區分，且宣稱了其族譜的連結。1816 年成立，主祀祖先劉開七的嘗會可做為例子。如前所述，劉開七是廣東-福建-廣西客家核心地區主要的開基祖。嘗會帳簿記錄了劉開七祖先嘗會成立於 1816 年，以創建並銷售 101.5 股所累積的資金購買土地，有 103 位創始成員，其中有 3 位成員各擁有 0.5 股。每個成員都歸屬於 15 個「戶」的其中一戶，而每一戶都以股東所來自的大陸地區來命名。令人感興趣的是，不同的戶所涵蓋的地理範圍有著極大差異：有些戶的指涉對象為整個縣，如平遠戶和大埔戶皆指廣東省之縣，南靖戶為福建西部的客家縣；有些戶只包括縣級以下

的城鎮，如魚坑戶；還有些只包括更小的村落，如長田尾、楠樹凹，一個鄉或鎮以下的地方社區。所有在縣級以下地區為主的戶，其指涉地區都位在鎮平縣和梅縣境內，表示這兩個縣是瀰濃或臺灣南部地區客家移民的來源大宗。因此，地理上任何區域範圍的戶，就被界定為族譜上擁有共同開基祖的宗族單位，儘管帳簿上面只會標示戶、而不會標示祖先。藉由將會員依戶來分類，劉開七嘗會的締造者建立了一種足以取代族譜的更細緻框架，主要因為分類是建立於每個地區都有自己的開基祖，且都是劉開七的後代。

使用某一套標準將某些人含納進入某個團體中，同時也意味將另一些不符合標準的人排除在外，這當然是宗族組織各種不同「分支」模型的基礎，且受到本世紀中葉結構功能論人類學家的偏好，在中國人類學範疇中最有名的就是莫里斯·傅利曼。與西方人類學家的分析相當不同的是，涵納與排除一直是中國文化長期關注的重點，在宗族的親屬關係、社群和地區組織、以及在生活中的許多領域，通常都會受到地方人士明確的注意。

在祭祀劉開七的祖先嘗會中，應該強調的是它涵納了在共同族譜框架內，所有地方劉姓人；而在其他嘗會中，排除與涵納的原則可以同時被最高位階的祭祀祖先所運用。祭祀黃日新的嘗會即是一個典型的例子。嘗會成立時有 90.5 股，成員祭祀黃日新為二世祖。其嘗會緣起在 1802 年之嘗會帳簿中，有所說明：

……蕉城聚族開基石窟始

祖庭政公　　二世日新公，而同派則有日昇公，日昇公之裔移居揭陽新會等處。惟我　祖日新公後裔星散分遷，總不外程平鎮邑……[13]

〔我們整個家族的石窟（鎮平縣，後命名為蕉嶺）開基始祖是顯祖庭政；第二代（即庭政之子）是顯祖日新，而同派下尚有顯祖日昇（即日新之兄

13　譯註，原文錄自「黃家二世祖日新公嘗算簿　二世日新祖祀典算簿　大正十三年甲子歲春分次旦　管理人：黃祿英」（1924）。

弟）。日昇的後代遷徙到揭陽和新會地區（主要講廣東話的縣），但我們祖先的後裔只遍布於梅縣、平遠和鎮平縣〔即遍布於廣東省幾乎全是客家人的嘉應州）。〕

這個敘述告訴我們，儘管黃庭政是開基祖或始祖，但他的兒子日新才是在客家核心地區中，黃氏後代所認定的祖先。在這種情況下，這一套族譜知識和地區知識是跟廣東省有所關連，其明確陳述的意圖就是將嘉應州客家地區的黃氏，跟廣東省其他地區分開來。

因為每個祖先嘗會都是一個獨立法人，且因為——所有事情都是平等的——一個人只要願意的話，就可同時屬於許多個嘗會，因此在較大的宗族框架之下，不同的嘗會祭祀不同的祖先，也就不令人感到意外。在瀰濃的許多姓氏中，每個姓氏都有許多個祭祀不同大陸祖先和來臺祖的祖先嘗會。例如，邱氏最大的嘗會祭祀最遠的祖先。其成立於 1854 年，時間相對較晚，其成員分布遠超過瀰濃地區，包括了分散於南臺灣客家地區 23 個聚落，共持有 262 股的股東，並屬於客家六堆防禦組織中的其中五堆。邱烋，生於 1006 年，是「大開基祖」或邱大世祖烋公；他從華中地區遷徙到南方，他的子孫在廣東和福建開枝散葉。

另一個邱氏嘗會祭祀邱夢龍，以 37 股成立於 1746 年，為瀰濃地區歷史最悠久的股份制法人之一；然就族譜和地域而言，其層級低於上述的邱烋嘗會。邱夢龍是邱烋的第六代子孫。夢龍，生於福建，後遷徙至廣東，為嘉應州邱氏宗族所祭祀，範圍包括了鎮平、梅縣和其他 3 個客家核心地區縣份，因此成為新世代中第一位人物；他和二子邱文興一起被祭祀，這種特殊的嘗會自稱為「始二祖嘗」，文興嘗會的特點在於邱文興是這條繼嗣線路的開頭，因此排除了其長兄的子嗣。還有另一個邱氏嘗會以 25 股成立，採取更小的族譜焦點，因其祭祀對象是夢龍的第六世孫邱喜勗。此外，還有另外 3 個邱氏嘗會祭祀不同的、但有族譜連結的大陸祖先。在每個例證裡面，族譜位置連結到地緣關係，成為一個地區開基祖，但這項連結所強調的移民史，並未規定瀰濃嘗會的組成方式有標準的先後順序：如我們所

見，祭祀遠祖的嘗會可輕易在祭祀近祖的嘗會之前或之後成立。此外，這些邱氏嘗會如同瀰濃其他的祖先法人和非祖先法人的特點，都有重複的成員。因此很顯然，存在著一套依歷史衡量的族譜和地理階層體系，這是地方知識的特點，人們只要覺得合用，就會加以運用。目前為止，我們所探討的各式各樣的劉氏、黃氏和邱氏嘗會，僅僅提供了有限數目的案例。

在 1902 年的土地調查中，聚焦於臺灣相關祖先的祖先法人也可分為兩大類。第一類法人的祭祀對象是特定社群的來臺祖或是抵臺後建立宗族線路的祖先，也就是地方的開基祖；顯而易見的是，在大多數情況下，來臺祖通常就是開基祖，但開基祖也可能是來臺祖的後代，在某些情況下，新的地方宗族線路的建立者是從臺灣其他地方遷來。第二類法人的祭祀對象是生於臺灣的近代祖先，通常在分家時就預留他們的祭田，因此這種嘗會創立時，由兄弟或（在少數案例中）侄子所取得的股份，並非透過購買，而是依據分家契約。

由屬於不同家庭的男人藉由購買股份而組成的祖先法人，客家人稱之為「公嘗」或「會份嘗」；公嘗意指這個新創立法人的性質是公開的，入股的資格為法人所祭祀祖先的子嗣；所有符合資格的人都可入股，而不符合資格的人則被排除，無法取得會員身分。這一類法人包括所有以大陸祖先為祭祀對象者，以及某些來臺祖和開基祖。分家形成的法人則稱為「私嘗」或「血食嘗」，這兩種名稱都反映出這類法人的股份為依據父系繼嗣線路所繼承的家產而取得：這個法人產業是私有的，因為繼承就是取得股份的唯一方式；這個產業是用於「祭祀的」，因為其創立目的是為了保障並資助對於這位近祖所持續舉行的祭祀活動。

祖先法人所選擇的祭祀焦點是宗族文化的產物，其中祖先和繼嗣線路被刻畫在族譜、墓碑、家廟或祠堂的牌位、楹柱和牆面、法人帳簿之中。整體來看，祖先法人證實了，瀰濃人士嫻熟並有創造性地使用大量地理文化知識，以至於從父系繼嗣和歷史空間關係這兩方面來看，他們所具有的參考架構，至少就清帝國的漢人部分而言，完全是一模一樣的。但是，如

果論及各姓氏人群這種藉由上溯祖先歷史以建立血緣關係的現象，有助於吾人勾勒出中國農業社會，並將瀰濃也放入這個脈絡中，那麼，民間信仰則比祖先崇拜提供了更多中國文化的宇宙觀細節。因此，在我們轉向探討非祖先嘗會時，從他們一開始將設祀祭神視為其整體目標時，值得一提的是，他們如何確實縮減了宇宙觀的重要成分，並藉此為瀰濃人提供更為精緻的標記，這一方面包含了他們社群的各個面向以及內部的社會地域的安排方式，另一方面則是瀰濃社群在宇宙中的定位。

因為瀰濃，如同臺灣的大部分地區一樣，直到近代才有漢人定居，其村落是雜姓村，跟大陸客家地區常見的大型集中宗族有著懸殊差別。因此在筆者所擁有的資訊中，每個非祖先嘗會會員的姓氏都相當混雜，也就不足為奇。但從這一點來看，我們不應當認為，瀰濃的許多嘗會只是用來結合無親屬關係者的地方性組織而已。筆者在造訪梅縣和蕉嶺時確知，祭祀神明或其他非祖先對象的嘗會在中國大陸也很普遍，這種在社群裡頭所組織的嘗會，實際上也可能僅由父系宗親所組成，這些宗親常能詳細陳述他們的宗族親屬關係。[14] 但如果這類宗族組成或加入無關祭祖的嘗會，像是祭祀觀音或土地公的嘗會，他們會以個人名義加入（實際上，以個別家戶的戶長名義），因此他們宗族關係的特質，例如宗族支派的成員身分，將不會反映在這個嘗會的脈絡當中。吾人確信，正是瀰濃嘗會的會員資格，使其跨越了宗族社群背景下所產生的親屬凝聚力。此外，有人告訴筆者，在梅縣和鎮平縣的城鎮也有多姓共組之嘗會，其成員多是商人。

在大陸地方社會中，股份制法人的重要性和祭祖沒有任何關係，而這一點即使在建築風格顯示宗族凝聚力高度發展的聚落中，依然可被印證。即如位於福建省南靖縣與永定縣交界之石橋村，其張氏宗族築有可容納眾多家戶的超大型土樓而聞名遐邇，這也就是筆者先前所提及之宗族堡壘居所。然而最近一份報告指出，這個村「在昔日，有三種土地所有權：公田、會田和私田……會田是幾個人一起購買並共同持有的。」（Huang, 1994: vol.1 p.127）。

14　筆者於 1995 年 12 月在梅縣和蕉嶺（昔日的鎮平）待了兩週。

　　無論在大陸或瀰濃，嘗會涵蓋的文化和宗教生活範圍都非常廣泛，因此如果將他們全部納入「非祖先」的範疇而混為一談，則顯得太過武斷。正如我們前面所見的，這種混為一談的情況是個地方實踐，其反映的並不是在這些不以祖先為祭祀重心的組織，所具有的類型相似性，而是說祖先——即使是族譜上的遠祖，人們會覺得，比起在民間宗教的宇宙當中的其他超自然存在，遠祖更接近生者——是相當不同的。無論如何，就如同宗族文化，非祖先嘗會所祭祀的對象，大多反映著從大陸帶來的一個民間宗教信仰的綜合體，只是它在瀰濃的迥異生活環境下，有所發展與改變。在附錄 C 中，筆者列舉了 1902 年日本政府土地調查中每個獨一無二的嘗會名稱，這是由於有些嘗會名稱，像是伯公會或「土地公會」，可能會指涉在瀰濃的不同行政村當中的幾個不同嘗會。此外，在挑選出獨一無二的嘗會名稱之後，筆者進一步依據祭祀焦點的同一性或近乎同一性，來加以歸類，因此將 13 個不同名稱的土地公會放進同一類別當中。但令人驚訝的是，儘管經過大幅消除重複名稱的程序，在日本佔領之前的 9,000 名農村人口中，仍然具有 52 種不同類型的嘗會。這 52 類非祖先嘗會的祭祀對象大致囊括了構成整體中國宗教傳統的諸多要素。根據楊慶堃的開創性研究（Yang, 1961: 23），除了地方民間信仰外，尚有道教、佛教與「古典宗教」，後者的「核心……是對於上天及其附屬眾神所在的天庭的崇拜，以及對祖先的祭祀」。這些傳統全部都可做為瀰濃嘗會的宗教取向來源，跟儒家思想有關的傳統也是來源之一。

　　這些嘗會首先列表於附錄 C，其會員確實包含功名持有者或受過更高教育的瀰濃居民，不過也包括了該地區的其他人。這些嘗會的成立方式跟其他宗教嘗會完全相同：他們的股份可以買賣，且跟其他嘗會一樣定期分配股利給股東。和其他嘗會一樣，他們在當地的社會生活廣為人知，並支持了當地的宗教節慶。有些嘗會賦予自己特定的任務，如孔聖會為學生支付參加科舉考試的費用，並給予贏得功名者獎金，但實際分析下來，這類特殊任務跟橋會與義渡嘗會的特定任務與支出，實無二致。訴諸於尊崇孔子、孟子、文昌等等人物當做關注焦點的嘗會，很少會主張該會僅限知識

菁英參加；相反地，這些嘗會證實了這些人物已經深植於民間文化和宗教信仰之中。如同其他嘗會，我們現正討論的這些嘗會所選擇的儀式—宗教焦點對象就是特許憑證，從地方信仰的角度取得其在地的合法性。瀰濃的功名持有者當然能透過參與在縣衙門或孔廟的活動，把自己界定為地方及國家的士大夫，但在瀰濃，他們身為孔聖會及其他類似嘗會的會員，則代表著他們對地方社會的參與。地方社群趨向的重要性，可從孔聖會帳簿的序言看出，內容如下：[15]

> 蓋聞先孔子而聖者，非孔子無以明。後孔子而聖者，非孔子無以法誠。以孔子道範百王，師表萬世者也。故自朝廷以迄里巷，莫不建宗廟肅雍宮，以崇奉祀焉。夫豈若當時榮沒則已，焉者所可同年而語哉。

> （我們聽聞，在孔子之前而成為聖賢之人，若不是有孔子，就無法讓其道理來引導後世之人。在孔子之後的成為聖賢之人，若不是有孔子，也無仿效的榜樣。這是由於孔子不僅對歷代君王指出了道，也為後世樹立了為師典範。因此從朝廷到地方社群，無不建立宗祠及獻祭以示崇敬之情。因此，在他那個時代，我們不應該就一個人的興衰浮沉來論斷一切。）

> 我瀰濃庄開闢百餘年於茲矣，風俗淆良，人心朴素，山川從此而鍾靈，人文因之而蔚起。無論泮水溢採芹，步蟾宮而折桂，科甲聯綿，後先輝映。何莫非至聖之靈默佑其間乎！然而莫為之前雖美弗彰，莫為之後雖盛弗傳。

> 〔我們瀰濃莊已創立百餘年（自1736年）。我們的習俗優良、人心純樸、因此得到保佑，有著良好環境和優秀後代。無論我們從事什麼工作，總能獲得成功，土壤肥沃、收成豐碩。這難道不是至聖的神靈在這裡默默守護著我們嗎！然而，我們不會讓昔日美好成就未能得到彰顯，也不會因著現在的輝煌而不再傳承〕。

15　譯註：孔聖會帳簿由美濃林作仁提供，序言及祝文未標明年代。其後的帳務清算紀錄由日本大正元年（1912）開始。

爰集諸友，捐題微資津歛祀典，始則集腋成裘，繼則眾流歸海蕃。衍置就產業由是□□嘗烝，答薰陶於泗水，蘋蘩蘊藻伸□愊於尼山。此豈敢云報本哉，亦聊表其微意耳。所以每逢仲春冬令旦，衣冠□□慶祝千秋，磬管鏗鏘，胸懷彌昭。篤敬牽牲，薦幣禮儀，益著雍容祀典，有資永垂不朽，文教之隆烝烝日上。豈非吾人之厚望哉，夫是以為敘。

（因此，我們聚集了一群朋友來募集資金，以支應建立這個有獨立資金的祭祀儀式。從點點滴滴做起，我們將會積累孳息並充分利用收益，從而取得財產，以持續提供祭品給我們的守護神。藉由這一方式，我們不敢誇稱回報尊神的全部賜予，只是用卑微方式表達深重謝意。因此，每逢每年的春季和冬至都有盛大慶典，有音樂、供品和莊嚴的祭祀儀式，以保護至聖的永恆名聲，並提倡文學和學習。這就是我們最真誠的願望。以上就是本會的序言。）

祭聖祝文

恭維

至聖應尼山教傳洙泗，道本唐虞，功同天地。造就七十賢人，樂育三千髦士。文章性道，儼木鐸之猶，聞精一危微，念淵源之有自，化雨于濃山，分風流于瀰水。是以科甲蟬聯，人文鵲起。茲值仲冬節廟誕辰方際，設笲籩，敬修禮器，以豕以羊，維酒維醴，簠簋安排，衣冠拜跪。鼓樂傳宣，笙鏞明備。神聖遙臨，鑒茲祀事。士子揚名，農人獲利。於萬斯年，因之勿替。

尚饗

（祭祀儀式之祝禱文：我們讚美我們最神聖的聖人，他因一則尼山的禱詞而生，此後他的教誨遍及洙水和泗水流域。他的智慧之源可追溯至堯舜時代，而他的成就涵蓋天地。

他培育了七十前賢，並教導了三千名學生。他的文學素養和道德地位是最傑出的，而他的目標和貢獻始終明確而堅定。他保佑了我們瀰濃村落的丘陵和河流，讓我們享有豐收的農田和文學成就。此刻於冬至和您的誕辰之際，我們敬備豬、羊、美酒等供品；在儀式音樂陪襯之下，我們雙膝跪

下，恭迎您至聖降臨。我們敬獻這些祭品，希望您永遠保佑萬世後代功成名就、農人豐收。

請享用！）

筆者認為，這篇禱文有明確的常民口吻，包括希望孔子為社群帶來福祉。事實上，這裡所陳述的孔子具有造福及保護社群的能力，顯然將他放在跟其他嘗會崇拜的神明同一個類別裡。孔孟都是民間文化的人物，也是民間信仰的人物。可能是在民間寺廟或住家裡面很少見到孔子，但這並非由於（如有些人所說的）孔子不能或不應該被祭祀，而是因為人們認為祭祀孔子需要由專門的祭司（士大夫）來執行。

附錄 C 的下一個類別是以「服務」為重點的嘗會，主要與橋樑、渡船等的興建與維護密切相關，但即使是服務性質的嘗會也具有宗教面向。

他們的成員從事善行義舉以累積功德，且大部分這類嘗會將他們所提供的服務連結到相關的保護神，並於會員年度聚會祭祀之，例如每座橋梁有一尊特定的橋神（橋頭伯公）。至於喪葬嘗會（父母會），其實是宣誓結盟的兄弟會，然其組織就像法人並持有土地。會員（之後則為他們的兒子）在後續成員的葬禮必須提供協助並服喪，直到最後一個成員去世為止，此時該嘗會也就解散。

附錄 C 其餘類別的嘗會，其宗教意味全都與特定的世俗事務幾乎沒有關係、或毫無關聯。藉由對神明的請求、或是對死者的撫慰，嘗會確實為這個社群提供服務。然而筆者會強調的是，我只是基於分類和說明的目的，而將關連到特定服務的嘗會歸在同一類，這是非常武斷的；而且依據宗教及非宗教領域之間的區分，而將特定任務劃分出去，確實是扭曲了當地的信仰，因為這顯然跟瀰濃真正的宗教整體樣貌不同，宗教早已深刻包圍了社會和經濟的每個面向。

從附錄 C 可見，列於「天庭」類別之下的祭祀對象，其範圍從全國漢族當中建置完備的神明，到純屬瀰濃當地而與特定歷史事件有關的神明，這些歷史大都關聯到跟鄰近福佬人及原住民群體的衝突。祭祀玄天上帝、三

官大帝和天公的嘗會，也就是與玉皇大帝相關者，用來將瀰濃放進從宗教角度界定的較大的整體宇宙觀中。在這兩者的連續體中間，則是其重要性明顯延伸超出瀰濃之上，但在華南和臺灣特別受歡迎的神明。媽祖是個極佳例子，臺灣客家人祭祀媽祖的熱情，不亞於占臺灣多數人口的福佬人，對福佬人而言，媽祖是一尊重要神明，但非最重要的神明。但對客家人，或是說位於瀰濃南方及現今屏東縣內埔的媽祖廟而言，媽祖的重要性十足，已成為團結南臺灣客家的整個六堆組織的宗教儀式中心。

另一個重要的地方神明是保生大帝，其「保護生命」的稱號，反映了祂在治病方面的重要角色。令人特別感興趣的是，瀰濃有一個祭祀保生大帝的嘗會，由經濟富裕的已婚婦女所組成，運用她們的「私房錢」購地，並將部分收入付給產婆，特別是服務貧困婦女的產婆，否則這些婦女負擔不起這種醫療照顧。[16] 也有婦女是「石頭母會」的成員；石母是一顆狀似女性的岩石，大多吸引擔心小孩健康或災厄（例如凶死）的女性祭祀者。有人在接受訪談時主張，附錄 C 所列的大陰會或「月亮會」亦由女性組成。無論如何，有兩個以上由女性組成且持有土地的嘗會，從經濟面來看，這反映出女性擁有相對於家戶財產的個人財產，而男性的財產權則表現於他們對家戶財富的控制權。

如上所述，絕大多數嘗會的股份是家產，因此當分家時，股份跟其他資產一樣，會被帶往新的派生家庭。從社會角度來看，由女性所組建且持有土地的嘗會，顯示女性對社會和宗教的特殊興趣，究竟如何透過有組織的形式而展現，在一方面這是常規的組織形式，但另一方面也表現了一個社群所具有的宗教和社會複雜性，即使是像瀰濃這樣的小規模社群。透過這些嘗會，以及其他方式，可以說這種複雜性被置於公共場域，並藉此提供了一種文化地圖，屬於瀰濃、整個中國、當然還有整個宇宙觀，所有接觸這個地圖的人就能知道其細節。這份地圖更縮小到以美濃為核心的歷史面向及地理面向，在附錄 C「土地神」項下所列出的許多地方神明會，受到引人注目地彰顯且鉅細靡遺。

16　關於女性「私房錢」和家庭基金之間差異的討論，參閱 Cohen, 1976。

正如筆者在一篇先前的論文所述（Cohen, 1993），土地公一般稱為伯公，依據一套儀式階序層級來排列，首先是依據該地區的客家聚落史，其次才排列在較大型社區內部的較低或較小層級的社區。筆者 1993 年的文章並未提及開基伯公和開庄伯公這個重要的區分。「開基伯公」再現了從宗教角度界定一個區域，這裡是人們最早移入而形成聚落，而「開庄伯公」則跟某特定地方社群的建立有關。

因此，瀰濃開基伯公是整個瀰濃地區的儀式中心，位階高於其他伯公，因為這個據信由最早客家移民建立的伯公，代表了瀰濃成為地域性宇宙觀的地理要素；另一方面，瀰濃的開庄伯公則代表了瀰濃庄在大瀰濃地區的核心地位，包括了龍肚、中潭、竹頭角等主要村莊，以及吉洋和金瓜寮等較小聚落。

此外還有瀰濃庄頭伯公，代表瀰濃庄為一個地域社群，在其下，有一套伯公的階序，代表了各個不同的相鄰村落。龍肚和其他主要城鎮都有「開基伯公」和「開庄伯公」，但在歷史、地理和儀式上，都從屬於瀰濃庄的伯公。附錄 C 列出的各種伯公會當然連結到瀰濃地區的主要伯公；在瀰濃庄外的伯公會也會參與瀰濃庄的儀式活動，有些村落關注由各自伯公壇所界定的區域和歷史，有些則將較小層級的伯公連結到瀰濃庄本身的那些伯公，這些伯公會聚焦並界定了整個的大瀰濃社群。瀰濃的伯公有助於界定較低層級的地域排序，我們也在祖先祭祀發現這種架構。同一詞彙「開基」可用以描述特定祖先或特定伯公；同樣地，移入的歷史先後順序都構成了儀式的階序。再者，如同伯公廟從屬於地域層級較高、通常位於行政層級中心的城隍廟，地方的宗祠也從屬於省會、州府、縣及城鎮的大祠堂。這兩種情況，具有相同的地域範圍；守護土地與管轄土地的神明，其階序定義了地域宇宙觀；相同地，也在空間與歷史中，形塑了宗族的繁衍和遷徙、以及族譜的產生。

相較於天和地的領域，在土地調查所記載的嘗會沒有任何一個詳細描述陰間本身的輪廓。然而，依然必須關注對於遊蕩在世間但無祀的死者命運，這是透過那些專司普渡超渡儀式、或照顧無主孤魂的嘗會。列於「節

慶」項目之下的嘗會，對於先前所提的許多嘗會的歷史及宇宙觀定位，又增添了年度節慶循環的層面。

並非所有的宗教生活都反映在土地調查所列出的嘗會中，也不是所有嘗會都在名單上，因為有些嘗會並未持有土地。儘管如此，這些地籍資料確實對於法人形態的宗教儀式實踐，提供了完整描述，且無疑涵蓋了瀰濃當地版本的漢人宗教生活的一大部分。這種嘗會形態的宗教定義，只不過是宗教角色的其中一個層面，提供了一套語彙，用以表述在歷史條件下的整體社會和宇宙觀安排。如同中國其他地方，宗教彰顯了瀰濃的社群組織、歷史，及其與社會文化整體的關聯。宗教也反映了這個社群與鄰近社群的衝突。正是透過宗教，在這套祭儀年曆期間，各種社會安排方式持續獲得強調，在一年不同時間，這套社會地景的各種不同樣態就是既有的慶典及儀式展現。

在祖先嘗會的組織當中，血緣和地緣關係的交互作用，清楚展現了地方對於這兩個範疇的知識，具有廣泛但又詳盡的理解；在許多方面，宗族文化傳達出豐富且細緻的中國意象；祖先嘗會充分展現了，這就是充滿創意潛力的文化，而不是被傳統所束縛、呆板與僵化。同樣地，非祖先嘗會用一種細膩的宗教筆觸，描繪出地方社群的宗教輪廓，並將社群定位在一個從地理與歷史角度所界定的中國，以及在更大的宇宙觀中。當然，這些用來組建嘗會的知識，透過嘗會的運作而更加普及：大多數會員都是一般農民，他們每年至少會有一次會直接接觸——而且有許多宗教及儀式是跟重要的經濟生意交雜在一起——用來合理化嘗會的理想、理解與資訊，而一個人會參加數個嘗會，在像清代瀰濃這樣小型緊密結合社群中，需要加入嘗會成為會員來了解許多關於嘗會的事情。整體看來，嘗會利用許多地方與國家的文化資源，將這些要素在當地環境中複製與再造，因此，對於宇宙觀、中國及地方區域的知識與意象、以及存在於這個宇宙的人、神和祖先，都有著持續不斷的創造與再造。

這些法人在一種經濟文化中蓬勃發展，瀰濃的經濟文化是晚帝國時期漢人普遍特徵的典型代表。在這種文化中，商品化確實逐步增加，以至於

可供市場銷售的商品的創造，大幅超過對這些產品或其他物品的定義的創造，例如土地的商品化就牽涉其中。土地及其相關商品將是筆者這裡的討論焦點，有兩項理由，首先因為土地顯然是農業社會的主要資源；而且筆者目前所掌握的晚帝國時期商品化或者，更確切地說，超商品化（hyper-commoditization）的資料主要與土地相關。中國的晚帝國時期的特色已被描寫成「愈演愈烈的商業化、貨幣化以及城市化」（Rowe, 1992: 1n1）。筆者喜歡使用「商品化」更甚於「商業化」，因為後者指的是經濟已超越了家庭自給自足的生產與分配模式，包括食物、其他必需或所欲的財貨，而前者跟經濟文化本身較有關聯。人類學文獻所關注的商品化係指貨幣的引進或擴大使用，或者從交換轉變為有價財貨或雇傭勞工的市場交易，採用已明確陳述或未明確說明的假設，此一發展對勞動力和生產的安排方式，產生了斷裂或確實是剝削的衝擊。[17] 諷刺的是，這個商品化觀點實際上獨厚西方，確認了西方持續的全球主導力量，並將非西方文化再現為不幸的受害者，其自身的——隱約較弱勢的——經濟和文化不得不全然受這些外部勢力的影響而重新配置。這種觀點否認了那些受到衝擊的社會和文化具有任何自主的能動性，除了抵抗和回應這種由西方強權施加於他們身上的壓倒性的經濟、社會、政治和意識形態力量，這些力量被描寫成資本主義、殖民主義、現代化，或是其他各種組合等等。此一觀點，混合了各種不同的學術傳統，將受迫者的自主能動性視為一個依變項。這種西方傾向的商品化觀點，急切需要由中國或其他東亞社會所能提供的不同比較觀點，其中特別應該強調的是地方的、歷史上的特定現代化源頭，尤其是關於經濟發展的議題。但筆者當下的目的，只想將商品化概念向前擴展一小步，以涵蓋對於可被購買和出售的事物所做的文化發明，如土地的特定權利、法人股份等，且筆者想要呈現在晚帝國時期的瀰濃，這種文化發明達到高峰。[18]

筆者所能影印取得的土地調查和各種日治之前的清代時期文獻，例如契約和帳簿，顯示在傳統中國晚期廣為人知的主要土地相關商品，在瀰濃

17　關於這些脈絡下的近代討論，參閱 Appadurai, 1986；Parry and Bloch, 1989。
18　如欲了解更多關於在中國脈絡下的商品化，參閱 Cohen, 1994。

有充分的展現。對一塊特定土地而言，三項最重要商品是「小租」或小租權、「大租」或大租權、以及典權，後者可描寫成「可贖回之出售」（出典）或「抵押式出售」。出典意謂典主交付一筆款項給地主，使得典主取得某塊土地在約定時間的使用權，直到地主返還這筆款項，使用權才返還給地主。「小租」持有者有義務支付一筆特定費用（通常是年繳）給「大租」持有者，後者通常負責繳納土地稅（正供）。這些權利，關於農地或其他用途土地（例如屋址）有關之租賃權，並不會提及實際耕作者或居住者的身分：租佃是很普遍的現象，視情況而定，佃人有可能繳租金給典權或小租權的持有者。可惜的是，土地調查並未涵蓋租佃的部分，儘管日治初期瀰濃的戶口登記完成後將會提供這一方面的資訊。無論如何，這些租賃權和其他大部分商品都是以家庭名義——幾乎毫無例外由男性戶長所代表——而非個人名義所持有。股份制法人也可以持有這些租賃權，但在這類情況下，股份會由家庭所持有，或在某些情況下由其他法人所持有。女性可運用私房錢，以個人名義持有商品和財產；同時所謂的公共實體，例如村廟也可能持有非股份制的財產，但顯而易見的是，絕大部分的資產都是由家庭所持有。

在土地權方面，最單純的情況就是由一個家庭持有對某一塊地的完整所有權——沒有區分「小租」和「大租」——且自己耕作，沒有出典。另一個極端則是，一塊地可能有一個佃戶，以及許多位不同的小租權、大租權和典權持有者，以至於這塊地的各種權利可能會分散到四種對象。事實上，這兩種極端以及居於兩者之間的各種情況，都在瀰濃有充分的呈現，正是因為每一種權利都是可銷售的商品。

然而，這些不同的權利幾乎還不能窮舉清代瀰濃可取得的土地相關商品。正如前面所提及，也存在著股份制法人，土地調查確實告訴我們關於截至目前為止所討論的各種不同權利，在這些法人的相關再現形式中。土地調查將土地分為九大類：水田、旱田、建地、墓地、廟址、其他、山、陂塘、以及未開發或廢棄的土地。經濟上最重要的是水田，接著是旱田。為數 3,128 塊水田的總面積共有 1,733 甲（甲為臺灣的土地單位，相當於 0.97 公頃，因此差不多就等於 1 公頃），占了 7,243 塊田地的 43%，及瀰濃

總面積 4,379 甲的 40%。2,345 塊旱田占地 1,983 甲，占全部田地的 32%，並占全部土地的 45%。水田和旱田兩者合計起來，幾乎相當於全部的農田，而豐饒多產的水田，其地權自然昂貴得多。為了簡化法人土地所有權的討論，筆者將所有嘗會合併為同一類：由法人持有「小租」權或完整地權者有 972 塊水田，占了田地總數的 25%，占地 510 甲，占了水田總面積的 29%；此外，他們持有另外 98 塊、占地 39 甲水田的典權，從而使他們能從瀰濃 32% 的水田中獲得租金收入。同時，這些法人也付租金給「大租」權持有者，其持有 321 塊水田，占地 174 甲，占全部的 34%。由法人持有「小租」權或完整地權的旱田，在 2,345 塊中只占了 184 塊，占地 152 甲，占了總面積 1,983 甲的 8%；他們持有另外 41 塊、占地 44 甲，僅占所有旱田 2% 的典權。嘗會來自於旱田的租金收入僅占 10%，相對照之下，幾乎是水田租金收益的三分之一，這反映為確保較大且穩定收益所採取的投資策略，而不會投資在依賴經常波動降雨的旱田。

有意思的是，地籍資料顯示，有兩個土地公嘗會分別向兩個不同的祖先嘗會購買了土地典權，其中一筆買賣包括 3 塊田地、另一筆買了 1 塊田地。儘管這兩個例子在整體的土地關係分布，很難稱得上是引人矚目的案例。但它們確實呈現出，關於財產和其他商品的交易，嘗會如何成為一個完整清楚的實體。在其中一個例子，也存在著由另一方持有的「大租」權，因此這 3 塊水田的各種地權是由兩個嘗會、「大租」權持有者以及實際耕作者所分別持有。

一般來說，嘗會的股東每年聚會一次，通常在擔任經理的股東家中舉行，而嘗會大都指派股東輪流擔任經理。會議的主要活動，連同由法人資金支出的所有開銷報告，包括了祭祀該法人的守護神或祖先、宴席、經理對於嘗會前一年的財務報告、並且將財務報告登載在法人帳簿當中，帳簿通常會有兩本，由經理以外的兩位股東負責在每一本記錄相同的帳目。帳簿是一本相當厚的印刷冊子，像筆記本一樣，普遍由各種公司行號所購買和使用。帳簿中首先會有一段介紹文字，敘述該法人的理念和宗教儀式存在的理由，其次通常是在股東年會的儀式程序中所要朗誦的文字。接下

來幾頁帳簿會記錄所有股東的姓名；股權轉讓會註記在相關股份的名字下方。有的帳簿也會結算嘗會所擁有的土地和儀式物品（如牌位），有時依據購買的時間順序，以及取得每塊土地的日期來記錄土地資產。帳簿其餘部分則用於記錄每年的帳目，每年帳目約有兩三頁，在使用新帳簿以前，舊帳簿可能容納了法人數十年來的財務紀錄。當嘗會換用新帳簿時，則會重抄序言、儀式文字以及股東名冊，因此每一本帳簿的序言皆描述法人崇高的宗教和社會理想，來呈現法人的宗旨，接下來才是會員異動和財務狀況等事務條目。這幾種文字內容的組合，反映在法人年會當中，將儀式和事務相結合的特點。以下 1886 年五顯祀典的帳簿條目闡述了法人股利的分配：[19]

> 光緒拾壹年拾壹月拾肆在鍾具郎家清算
>
> 五顯公王祀典
>
> 收入：曾秀那贌田谷，55.000 石
>
> 支出：大租谷（土地的大租），13.640 石
>
> 　　　　更谷（土地的看守人）1.364 石
>
> 總支出：15.004 石
>
> 支出後，結餘 40.000 石〔確實數量應為 39.996 石〕
>
> 支付股東股利：14〔嘗會〕股，〔股利〕每股 2.5 石〔共 35 石〕
>
> 餘額：5 石，等同於 3.6 元
>
> 宴席：3.00 元
>
> 書寫材料：0.20（元）
>
> 結餘：0.40（元）14 股平分，每股 0.029 元〔總值正好是 0.406 元〕

整個清代都有新的法人形成，而那些已存在的法人則可能購買更多的土地。有些法人也可能會解散；雖然筆者在瀰濃沒有找到足以說明這種狀況的證據，但是在臺灣其他地區，已知在清代就有由全體股東簽署的法人

19　關於五顯大帝這尊神祇的詳細內容，參閱 Cedzich, 1995; Cedzich, 1985; Glagn, 1991; Szonyi 1997。

解散契約（見附錄 A）。法人的成立是當有一群人同意提供資金，購買具有指定價值的股份，並將累積的總額用於購買土地。

顯然，如果土地使用權並未成為可在市場買賣的商品，或在地方經濟文化無法接受這種可讓股份轉換成其他商品的創建，這樣的法人便無法成立。對一位普通農民而言，入股的好處就是可向嘗會貸款；同時，就他能夠取得額外土地的方式而言，相較於直接購買「小租」或其他土地使用權等方式，入股的所需金額遠遠小得多；確定的是，他必須付租金給嘗會，但同時他也可如同其他股東一樣分配股息。更重要的是，入股為他提供一個機會，在年度會議期間與富裕的菁英股東有更緊密社交互動。對於富裕的人而言，持股是相對低廉的投資模式；他們的家庭往往持有比一般人更多的法人股份，對有錢人來說，持股只是多元投資組合的其中一個面向。同樣地，股份可以出售或以典賣方式轉讓。雖然這些資料尚待進一步查考，但股份的轉移在嘗會帳簿中屢見不鮮。尚有其他證據來證明股份買賣，筆者曾在另文（Cohen, 1993: 19, 22-23）分析清代的兩份分家契約，顯示瀰濃有三兄弟之一和其侄子在 1863 年分家之際，得到 10 或 11 個宗教和祖先法人共 21 股中的 4 股，而 1898 年此家庭又將 13.5 股分配給三兄弟，反映在這中間的 25 年期間，至少買了 9.5 股新股，以及原有的 4 股至少有 2 股被賣掉。當然，在 1863 到 1898 年之間買入然後又售出的股份就不會在標記在契約裡頭。正如土地使用權和其他有價商品的買賣，股權的轉移以書面契約為主；雖然筆者在瀰濃並未發現任何這方面的書面資料，但臺灣其他地區依然保有這類契約的案例（Cohen, 1993）。

目前為止所討論的商品中，「大租」權有別於其他權利的地方在於，雖然在整個清代都可購買，但它們都在 17 世紀末和 18 世紀初，漢人對臺灣殖民的特定時空環境下所創立。正如文獻所詳盡闡述的，在某些情況下，早年曾獲政府核給「墾照」（土地開發許可），並承擔繳納土地稅賦義務的業主，自行開發土地並讓一般佃農耕種。而在其他情況下，獲得土地開發許可的業主自行招募拓墾者開墾土地，考量拓墾者所投資的資本和勞力，他們在繳付定額「大租」的情況下，可獲得「小租」的永久使用權。另一種

過程則涉及非漢人的臺灣原住民，經清朝政府認定由原住民社群所持有的土地，可透過類似過程租給漢人的拓墾者（Shepherd, 1993: 8-9）。「小租」權和「大租」權皆是可銷售的商品，但隨著殖民時代的到來，這兩者就大致不再有新的創立。

就瀰濃而言，「大租」權創立的背景，解釋了為何大部分大租權都是由不在地的家庭或某種法人所持有，由瀰濃居民或法人所持有的大租權似乎是在某個時間點向這些外部群體購得。相對地，其他大多數土地類商品都由瀰濃社群所持有，只有極少數來自外部，主要是來自較大的南臺灣客家移民地區，在許多方面，組成了較高層級的地域社群，瀰濃位居最北端。這些商品的創立和銷售，幾乎完全發生整個瀰濃社群的內部，例如，這可從我所能取得的契約中，很少看到清代常見的「紅契」或由衙門登錄的契約，來獲得驗證。這種在地化使得如下情況不致於出現，如商品化分裂了地方凝聚力，或者破壞了被認定為「道德共同體」的地方社會等。[20] 瀰濃確實存在著明顯的財富差異，這也是一個經常發生內部衝突的區域，然而在此同時，瀰濃客家漢人跟鄰近的福佬漢人、非漢原住民之間也常有嚴重衝突，但這些全都與商品化無關；在瀰濃，就如同一般的漢人社會，商品化本身很難成為一股破壞社會和道德的力量。事實上恰好相反：在明顯欠缺國家或其他外在力量介入的情況下，正是瀰濃的社群凝聚力和高度策略性的社會連結所具有的重要性，提供了商品化得以蓬勃發展的環境。同筆者先前所述，一如中國帝國晚期的其他地方，瀰濃的高度商品化主要是由交易有價物品的書面契約所強力支撐的。這些占絕大多數的「白色」契約，亦即未經地方官員登錄的契約，基本上是由社會關係所支撐，利用歷史悠久的漢人模式，讓一位或多位中間人當共同簽署人，如此一來，違反契約的規定事項，將使自己賴以生存的龐大社會關係網絡陷入危險。

股份制法人絕大多數從宗教角度來界定自己，但在大規模商品化的脈絡當中，無損其經濟上的重要性，反而進一步提供證據來說明，商品化的

20　參閱 Scott, 1976。

工具，就如同宗教，都是瀰濃文化中根深蒂固的元素；做了適當修正之後，瀰濃的文化可做為晚帝國時期整個中國的代表。因此，在瀰濃以及更普遍在中國，由於人們透過這種創立商品來榮耀神祇和祖先，人們也透過神祇和祖先來榮耀商品。

表 1　1902 年日本土地調查中的瀰濃地權筆數，依土地類型與產權分

單位：土地筆數

	全部土地	大租地	典地	大租典地	私人典地	祖先嘗會典地	其他嘗會典地
全部土地	7243	1707	612	188	467	61	84
國有地	96	9	12	8	9	3	0
私有地	7147	1698	600	180	458	58	84
水田	3128	1171	387	158	289	44	54
水田國有地	2	0	2	0	2	0	0
水田私有地	3126	1171	385	158	857	44	54
私人水田	2334	850	370	145	275	44	51
祖先嘗會水田	357	133	6	6	3	0	3
其他嘗會水田	435	188	9	7	9	0	0
旱田（畑）	2345	422	165	28	124	12	29
旱田（畑）國有地	11	8	8	7	6	2	0
旱田（畑）私有地	2334	414	157	21	188	10	29
私人旱田（畑）	2150	373	155	21	117	10	28
祖先嘗會旱田（畑）	88	24	2	0	1	0	1
其他嘗會旱田	96	17	0	0	0	0	0
建地	1545	103	57	1	53	3	1
建地國有地	2	0	1	0	1	0	0
建地私有地	1543	103	56	1	52	3	1
私人建地	1517	101	56	1	52	3	1
祖先嘗會建地	15	2	0	0	0	0	0
其他嘗會建地	10	0	0	0	0	0	0
墓地	91	0	0	0	0	0	0
墓地國有地	17	0	0	0	0	0	0
墓地私有地	74	0	0	0	0	0	0

	全部土地	大租地	典地	大租典地	私人典地	祖先嘗會典地	其他嘗會典地
私人墓地	69	0	0	0	0	0	0
祖先嘗會墓地	5	0	0	0	0	0	0
其他嘗會墓地	0	0	0	0	0	0	0
廟址	9	0	0	0	0	0	0
廟址國有地	0	0	0	0	0	0	0
廟址私有地	9	0	0	0	0	0	0
其他	8	1	0	0	0	0	0
其他國有地	1	0	0	0	0	0	0
其他私有地（全為私有）	7	1	0	0	0	0	0
山地	4	0	0	0	0	0	0
山地國有地	3	0	0	0	0	0	0
山地私有地（祖先嘗會）	1	0	0	0	0	0	0
陂塘	10	1	0	0	0	0	0
陂塘國有地	0	0	0	0	0	0	0
陂塘私有地	10	1	0	0	0	0	0
私人陂塘	9	1	0	0	0	0	0
陂塘：公共堤防區	1	0	0	0	0	0	0
未開發地	103	5	5	1	0	0	0
未開發國有地	60	1	1	1	0	1	0
未開發私有地	43	5	1	0	0	0	0
私人未開發地	40	5	1	0	0	1	0
祖先嘗會未開發地	0	0	0	0	0	0	0
其他嘗會未開發地	3	0	0	0	0	0	0

註：「大租地」係指由他方擁有「大租權」的土地；「典地」係指透過可贖回之出售（出典）所取得的土地；「大租典地」係指「大租權」已被出典為第三方所擁有的土地；「私人」、「祖先嘗會」和「其他嘗會」典地係指典權已分別被家戶、祖先嘗會和其他嘗會所購買。「國有地」大都是無主荒地；在少數情況下，也有可能是因為擁有出典權的家戶逐漸凋零；對於這樣的土地，即使某些出典權擁有者可能還在該土地耕作，日本政府仍視之為無主地而接管之。

表 2　1902 年日本土地調查中的瀰濃地權，依土地類型及產權分（面積）

單位：土地面積（臺灣的土地單位為甲，1 甲相當於 0.97 公頃）

	全部土地	大租地	典地	大租典地	私人典地	祖先嘗會典地	其他嘗會典地
全部土地	4379.1140	966.1423	348.5560	90.9370	264.6700	37.4310	46.4550
國有地	415.2905	8.2925	8.9695	7.7050	5.3190	3.6205	0.0000
私有地	3963.8235	957.8498	339.5865	83.2320	259.3150	33.8105	46.4550
水田	1732.5126	578.5328	191.7045	64.0255	152.9840	20.1220	18.5985
水田國有地	0.3560	0.0000	0.3560	0.0000	0.3560	0.0000	0.0000
水田私有地	1732.1566	578.5328	191.3485	64.0255	152.6280	20.1220	18.5985
私人水田	1222.2706	404.8308	184.1765	58.0700	145.8930	20.1220	18.1615
祖先嘗會水田	268.8855	74.3775	2.0335	2.0335	1.5965	0.0000	0.4370
其他嘗會水田	241.0005	99.3245	5.1385	3.9220	5.1385	0.0000	0.0000
旱田（畑）	1983.2840	365.2450	153.4595	25.8250	109.4305	16.2390	27.7900
旱田（畑）國有地	9.0910	7.4890	7.7420	6.9015	4.9250	2.8700	0.0000
旱田（畑）私有地	1974.1930	357.7560	145.7175	18.9235	104.5055	13.3690	27.7900
私人旱田（畑）	1821.7595	3236.3525	143.3305	18.9235	103.7535	13.4220	26.1550
祖先嘗會旱田（畑）	80.8510	17.5900	2.3870	0.0000	0.7520	0.0000	1.6350
其他嘗會旱田	71.5825	16.8135	0.0000	0.0000	0.0000	0.0000	0.0000
建地	188.7459	15.4890	2.4240	0.2830	2.1835	0.1740	0.0665
建地國有地	0.0435	0.0000	0.0380	0.0000	0.0380	0.0000	0.0000
建地私有地	188.7024	15.4890	2.3860	0.2830	2.1455	0.1740	0.0665
私人建地	185.1344	15.1620	2.3860	0.2830	2.1455	0.1740	0.0665
祖先嘗會建地	2.7690	0.3270	0.0000	0.0000	0.0000	0.0000	0.0000
其他嘗會建地	0.3605	0.0000	0.0000	0.0000	0.0000	0.0000	0.0000
墓地	32.7040	0.0000	0.0000	0.0000	0.0000	0.0000	0.0000
墓地國有地	25.9180	0.0000	0.0000	0.0000	0.0000	0.0000	0.0000
墓地私有地	6.7860	0.0000	0.0000	0.0000	0.0000	0.0000	0.0000
私人墓地	5.2000	0.0000	0.0000	0.0000	0.0000	0.0000	0.0000
祖先嘗會墓地	1.5860	0.0000	0.0000	0.0000	0.0000	0.0000	0.0000
其他嘗會墓地	0.0000	0.0000	0.0000	0.0000	0.0000	0.0000	0.0000
廟址	0.5755	0.0000	0.0000	0.0000	0.0000	0.0000	0.0000
廟址國有地	0.0000	0.0000	0.0000	0.0000	0.0000	0.0000	0.0000

（續上頁）

	全部土地	大租地	典地	大租典地	私人典地	祖先嘗會典地	其他嘗會典地
廟址私有地	0.5755	0.0000	0.0000	0.0000	0.0000	0.0000	0.0000
其他	0.3905	0.0365	0.0000	0.0000	0.0000	0.0000	0.0000
其他國有地	0.0155	0.0000	0.0000	0.0000	0.0000	0.0000	0.0000
其他私有地（全為私有）	0.3750	0.0365	0.0000	0.0000	0.0000	0.0000	0.0000
山地	4.5135	0.0000	0.0000	0.0000	0.0000	0.0000	0.0000
山地國有地	4.1010	0.0000	0.0000	0.0000	0.0000	0.0000	0.0000
山地私有地（祖先嘗會）	0.4125	0.0000	0.0000	0.0000	0.0000	0.0000	0.0000
陂塘	28.2925	0.1135	0.0000	0.0000	0.0000	0.0000	0.0000
陂塘國有地	0.0000	0.0000	0.0000	0.0000	0.0000	0.0000	0.0000
陂塘私有地	28.2925	0.1135	0.0000	0.0000	0.0000	0.0000	0.0000
私人陂塘	1.6790	0.1135	0.0000	0.0000	0.0000	0.0000	0.0000
陂塘：公共堤防區	26.6135	0.0000	0.0000	0.0000	0.0000	0.0000	0.0000
未開發地	408.0955	6.4675	0.8960	0.8035	0.0000	0.8960	0.0000
未開發國有地	375.7655	0.8035	0.8035	0.8035	0.0000	0.8035	0.0000
未開發私有地	32.3300	0.0000	0.0925	0.0000	0.0000	0.0925	0.0000
私人未開發地	31.5755	5.6640	0.0925	0.0000	0.0000	0.0925	0.0000
祖先嘗會未開發地	0.0000	0.0000	0.0000	0.0000	0.0000	0.0000	0.0000
其他嘗會未開發地	0.7545	0.0000	0.0000	0.0000	0.0000	0.0000	0.0000

表 3　1902 年日本土地調查中瀰濃嘗會持有土地

管理人數	每位管理人持有的推定股份數			推定股份數		
	祖先嘗會	其他嘗會	嘗會總數	祖先嘗會	其他嘗會	推定股份總數
107	1	0	1	107	0	107
14	2	0	2	28	0	28
4	3	0	3	12	0	12
171	0	1	1	0	171	171
27	0	2	2	0	54	54
3	0	3	3	0	9	9
1	0	4	4	0	4	4
2	0	5	5	0	10	10
1	0	6	6	0	6	6
14	1	1	2	14	14	28
4	2	1	3	8	4	12
1	3	1	4	3	1	4
1	4	1	5	4	1	5
6	1	2	3	6	12	18
3	2	2	4	6	6	12
1	3	2	5	3	2	5
1	5	5	10	5	5	10
總計	361			196	299	495

註：在土地調查中，嘗會持有的每塊土地都有一位「管理人」。每一位「管理人」都是嘗會的股東，但在某些情況下他同時也可能是該土地的佃戶，在其他情況下他在調查的當下為嘗會委派的經理。無論如何，瀰濃嘗會的實際股東數目遠多於「管理人」。表 1 將單一嘗會持有的一塊或多塊土地的那位「管理人」、或是「管理人們」的其中一位，視為擁有該嘗會的一股。實際上，一個嘗會持有的部分或甚至全部土地可能只有同一位「管理人」，但在另一個極端，有些土地最多可能有 6 位「管理人」。

共享的信仰：
清代南臺灣客家人的法人（嘗會）、社群與宗教
Shared Beliefs: Corporations, Community and Religion Among the South Taiwan Hakka During the Ch'ing *

徐雨村譯

　　在清代臺灣為數眾多的股份制法人（share-holding corporations）是商品化的具體表現，這是在晚帝國時期的中國，在臺灣及大陸的重要經濟與社會特色。[1] 桑高仁指出，對於股份制法人及其他類型法人的分析，其基本議題就是「華人在組成法人所具有的精湛技巧」。[2] 因此，若是僅僅採用親屬模型或親屬理論來看待宗族法人，就會完全漏失整體的組織文化面向。我們有必要將焦點放在組織文化上面，因為就股份制法人而言，正如同其他方式，親屬很難成為唯一的組織基礎。這些法人可能專司祭祀近祖、遠祖，或非常遙遠的祖先，乃至於超出系譜所能回溯的範圍；它們可能將焦點放在地方神或行業神；有些組織可能特別為某些非宗教功能而組成，例如維護橋梁、渡船或水利設施，但就算在這類組織，也會如同其他組織一般有

---

* 　譯稿所使用之原文收錄於：Myron L. Cohen, "Shared Beliefs: Corporations, Community and Religion Among the South Taiwan Hakka During the Ch'ing." *Late Imperial China* 14: 1(1993), pp. 1-33. doi: https://doi.org/10.1353/late.1993.0007

1 　Rowe（1992: lnl）將晚帝國時期（從宋朝到清朝）描寫成「密集的商業化、貨幣化與都市化」時期。我比較喜歡使用「商品化」這個術語，而非「商業化」，因為後者係指經濟體系發展當中，家庭在食物及其他必需品或期望貨物等等的生產與分配，超越了自給自足的層次；「商品化」則與經濟文化本身有較大關連。人類學文獻對於所謂商品化的研究關注焦點，大多論及貨幣使用的引進或擴張，或是有價值貨物的流通當中，從交換到市場安排的移動。如欲了解更晚近沿著這條路線所做的討論，請參閱 Appadurai, 1986；Parry and Bloch, 1989。在這裡我擴充了商品化的概念，以便涵蓋對可購買與販售之物所做的文化發明，例如特殊的地權關係，或法人的股份。我想呈現在晚帝國時期中國，這類的發明究竟如何登上高峰。如欲更了解在中國脈絡之中的商品化，請參閱 Cohen, 1993。

2 　Sangren, 1984: 410.

個守護神。因此臺灣有句俗諺「有會必有神」。[3] 雖然人們能援引祖先崇拜或其他華人宗教領域做為組織的憲章，但將這類組織的捐贈財產成立為一個法人，是由晚帝國時期的中國經濟文化所促生，其特色是財產權的商品化及普遍使用契約與股份經營。這類組織很難脫離社會而獨立存在。它們都涉入地方社群的事務，並從各個地方社群招募會員，對於參與這類群體的會員而言，這些群體只不過是他們社會生活當中的一個面向。在清朝，由南臺灣客家人所組成的這類土地法人特別興盛，在此我特別思考它們跟所處宗教環境及社群環境的關係。

在回到討論這些客家群體之前，我想再多談談清朝期間臺灣的法人（corporate group）所具有的經濟屬性。即使說人們可由土地及其他項目，創造出複雜且自由協商的財產權利——例如分別買賣的田底權（大租）及田面權（小租）——但就擁有土地的權利實體而言，也存在著同樣複雜的安排。[4] 華人家庭體系的特色在於「房」（個別男性及夫妻未婚子女所組成的單位）的財產，顯然是從屬於整個家庭所擁有的財產（家產）。因此我們可以很放心地說，在臺灣及中國兩地整體來看，只要是不屬於任何型態的法人所持有的財產，絕大多數都由家庭所持有。然而在臺灣及大陸的某些區域，法人是特別重要的財產持有者。例如，據估計在南臺灣的客家區域，整體來說有 50% 到 70% 的農地由為數眾多的法人所掌控。[5] 正如我將會在下文詳細描述的，我在今日名為美濃鎮的這個區域所做的研究，推導出一項發現，當地清末的人口約有 9,000 人，但有兩百餘個法人擁有絕大部分的小租權，達到大約全部水稻田的 29%。雖然學者曾表示[6] 在福佬人居住區域較少見到這種類型的組織，但是這類組織確實很多。[7]

事實上，法人具體表現了多樣化的財產關係類型，包括群體會員的組成方式及群體所能持有的財產類型。有一項基本區別在於，其中的某些法

3　Chou, 1983: 4.

4　如欲了解這種「分裂的土地所有權」，請參閱 Shepherd, 1993: 228-29。

5　Lamley, 1981: 294.

6　Lamley, 1981: 294-95.

7　正如 Sangren（1984）所證明，以及由 Chou（1983）及 Tai（1979: 340-43）的更普遍描述所證明。

人所擁有的財產，獨立於其會員所具有的任何法人財產之外；另一種法人則是由會員持有明確的股份。就臺灣鄉間而言，前一類法人包括村莊或其他社群及擁有土地的廟宇（宮廟）。例如，這些法人所提供的任何宗教、經濟或社會利益，可能僅能由該社群的成員取得，但由於在這項法人財產與社群成員之間，並不存在著私人性質的關係，事實上在任何時間，這個法人都獨立於會員而存在。雖然這類法人從本身的財產獲取收益，但經常呼籲自己社群或其所服務的其他社群提出某種形式的捐獻。維持這類法人的這種財產關係，很難說是中國或臺灣所特有的。然而，讓我們感到興趣的是，就這類擁有財產的實體而論，這類法人遠比股份制法人更不常見（至少在臺灣是如此，在中國大陸的模式可能不同）。

廟宇的土地可能是由個人或群體所捐獻，因此他們將財產權移轉給廟宇法人。[8] 相對地，組成一個股份制法人，往往需要透過簽訂共同契約來購買新的財產權利，其中有幾個人各自支付一筆明定的金額，成為一筆共同基金以購置財產，通常是土地。正如前面所提，在絕大多數案例當中，這類群體所購買的是小租權。一旦這個組織成立之後，正常程序就是開立一本帳冊，開頭有一篇描述其組織目標的導言。其中也包含章程，內容涵蓋會員資格、管理方式、集會與儀式的時間表，以及該組織所擁有資產的列表等；並詳列創始會員的名字及其股份。帳冊就接在這些導言資訊之後；就我所看過由客家法人所保有的帳冊，只有在舉行關連到定期會員會議時，才會登記其帳目內容。雖然由一個長久維持的組織所累積的厚重交易記錄，可能被視為會員參與組織運作甚多的證據，事實上這些記錄的內容往往僅僅是年度會議，這意味著這個組織的日常事務管理操在其指定管理者之手，他可能非常善於保有自己的另外一本帳冊。儘管這些帳冊依循著在傳統時期的商業公司所採用的模式，[9] 他們把從上屆年會累計至今的所有交易帳目提供給會員，這方面更類似商業公司。[10] 簡言之，會員的利益可能包含收取股息、參加年會，其中包括儀式、飲宴，而且特別是在祖先崇拜群體分配祭肉。

8　參閱 Wang（1974）所舉出的幾個例子。

9　參閱 Gardella, 1992。

10　引述自 Chou, 1983: 12。

假使這類股份制法人處在土地和財產關係商品化的框架中，結果是法人財產的建立，在不同程度上脫離了土地交易市場。在此同時，股份本身就被創造成為新商品；但就像公司的資產，這些股份在何種程度上可以自由轉讓或出售，取決於組織的規章條款。在某些情況下，股份可以出售或「可贖回的出售」（典賣）；[11] 在其他情況，股份出售對象僅限為同一法人的會員；還有其他情況，會員只能藉由退出該組織而取回代表最初出資金額的「底銀」（本金），來贖回他們的股份。[12] 人們大概會在股份本身的比例價值增加的情況下，依循後面這種程序。就我曾檢視的會計帳冊當中，贖回是司空見慣的，但最普遍的股權轉讓似乎是透過繼承或出售。

我們與其將這類股份制法人歸類成以祖先為儀式焦點的父系繼嗣親屬群體，或由許多宗族混合組成的專門祭祀某尊神祇的群體，更重要的區別是用來組成該群體的手段。[13] 祭祀祖先的組織能在分家時，將家庭財產一部分完整保留下來，而且這次分家的各個單位（通常是兄弟）就會成為股東。在以往曾發生的情況，假使這類組織的儀式重心是一位近祖，那麼這個群體就會在章程裡面主張，其祭拜對象對於外人而言，並無宗教價值。假使這樣一個組織能將資產維持不變，甚至加以擴充，那麼隨著人口成長以及地方宗族社群的形成，它可能會發展成一種宗族，它已吸引相當多的人類學關注。[14] 對於往後透過股份購買所形成的祖公會也是如此，這是透過股

---

11 「可贖回的出售」（redeemable sale）是邵式柏（Shepherd, 1993）所用的名詞，這是對於「典賣」的更精確英文翻譯，有時會被誤譯為「典當」（mortgage）。同一個字「典」（祀典）也被客家人用來稱呼「會」。

12 Chou, 1983: 7.

13 引述自 Sangren, 1984。

14 經典的研究作品是 Freedman（1958, 1966）。此後對廣東的大型地域化宗族的研究包括 Baker, 1968; Potter, 1968; Potter and Potter, 1990; Siu, 1989; J. Watson, 1976; 以及 R. Watson, 1985。巴博德（Pasternak, 1969）特別提到南臺灣客家，他爭論傅利曼的提議，將這類型「古典」宗族的興起，視為由中國東南的邊陲環境所催生。巴博德主張，這類宗族只可能發展成這個邊陲聚落的「第二階段」，歷經時間的洗禮，較大型宗親社群的興起、較大的人口壓力，以及為了防禦及農業發展而進行的跨親族與跨村落合作，逐漸不敢更具地方取向的關注點。雖然在南臺灣的客家區域在清朝末期的農業有充分發展，但只有極少數，發展出「第二階段」的宗族。

份購買，假使說這個群體的成員全為這位受尊崇祖先所傳下的父系後嗣所組成。另一方面，似乎司空見慣的是專門祭祀某些祖先的祖公會，然而這些祖先也由其他未加入會員者所共同擁有。[15] 南臺灣客家將這類組織區分為「公嘗」（公共的宗祠）及「私嘗」（自家的宗祠）。前者是「公共的」只要是他們對於遠祖的焦點，能讓他們依據姓氏本身或者姓氏加上中國大陸的特定籍貫來取得股份，然而後者的會員資格限定為一位相對較近祖先的後代。由公嘗所選擇的重點祖先，就是在中國被認定為該姓氏的創始者。在某些情況，想要展現各種繼嗣連結關係的各項努力，甚至是跟這類歷史上遙遠的人物的關係，致使人們編撰詳盡的族譜，其中較早的段落可能援引自其他的文本。公嘗將其祖先源頭的重心放在中國某個特定區域的始祖，有可能以類似方式運用他們所能取得的族譜傳統。[16] 無論一個祖公會是否有族譜支持，它都會將不擁有股份的有資格血親排除在外，在這方面類似於臺灣經常說的「神明會」，其專門奉祀的神明對會員及非會員而言，都是重要的。但一尊神祇，而不是一位祖先也可能成為組織的核心焦點，其成員的招募資格是依據共同姓氏或更緊密的宗親連結關係。[17] 因此在親屬及其他群體成員資格的標準之間的界線，可能在股份制法人之中交錯，在他們較

15　參閱華琛（R. Watson, 1985: 28-35）在香港新界的例子。華琛認為現在這個宗族，是由 1751 年捐款新建宗祠的 48 人的父系子孫所構成。以這個方式被界定的宗族成員收取利益，排除了地方社群的其他成員，儘管後者跟前者都來自這個宗祠所紀念祖先的後代。從華琛的敘述，顯然這 48 位宗族創始者購買了一座新的宗祠的股份。如同巴博德，並依據類似的群體形成過程，華琛質疑了傅利曼的宗族發展模型，假定一個大宗族的形成是透過人口成長以及捐獻資產，這些資產能讓血親聚在一起。也請參閱孔邁隆（1969）討論南臺灣客家人透過「融合」來形成宗族。同樣地，臺灣的人類學家，如同莊英章（Chuang, 1989: 207-32），強調「合約字」宗族與鬮分字宗族的區別，前者透過購買會份而形成，後者則是透過捐獻一個祖先產業而形成的宗族，在這個產業最初建立時所採用的祖先名義，人口逐漸增加的直接後代具有共同所有權。

16　這種族譜的用途是為成員提供該宗親組織的親屬關係證據，對比於族譜在其他脈絡的用法，在那邊的焦點放在含納更多成員，通常僅僅依據姓氏基礎，以便創造出更大範圍的親屬網絡，特別是在當代的「宗親會」。就後者而言，參閱 Fried, 1966: 285-301；關於族譜的討論參閱 Ahern, 1976; Eberhard, 1962; Meskill, 1970: 139-62。

17　Chou, 1983: 36-42; Wang, 1974: 76-82.

大的宗親或地域社群，可能會為自己承擔較大的宗教與世俗責任。然而，對於那些自我組建成「古典」宗族的群體而言，可能存在著更強烈傾向（至少對那些相對較大、集中的、而且天生體質良好的群體）想要掌控自己的社群或鄰近聚落。[18]

即使存在著不同類型的股份制法人，但整體來看，它們僅僅代表清朝臺灣社會的組織豐富性與複雜性的一個面向。由一個特定法人所選擇的宗教範疇與儀式焦點，只不過是一個文化環境所提供的諸多選項的其中一項。例如，關係到地域性的社群或親屬概念，援引自這個環境及既有的社會宗教表現形式，在許多方面有別於這類法人的形成。共同姓氏是一個組織原則，它的表現方式非常多樣，像是在鹿港一年一度的儀式性但有時危險的宗族械鬥，[19] 或是（臺北）艋舺龍山寺「三大姓」的輪值經營。[20] 在各種不同地域層級的社區會共同籌辦慶典與儀式，城市與鄉村皆然。但假使文化與組織的複雜性是齊頭並進的，他們的重要形式是表現在同樣細緻的財產關係發展上。

客家社群

在南臺灣的客家聚落區域，提供了包括含納性社群組織和排他性財產法人之間關係的一個極佳例證。這個區域的北端是美濃鎮，筆者曾於 1964 至 1965 年和 1971 至 1972 年在那裡從事田野調查，提供一些如下所呈現的資訊，儘管有許多源自於後續的文獻研究和分析。[21]

現在的美濃鎮（在 1920 年之前稱為瀰濃）是南臺灣高雄縣的一個行政區，在歷史上是個組織嚴密的社群。日本控制臺灣之後，繪製了鄉鎮界

18　有關臺灣福佬人社群的古典宗族具有強勢角色的例證，參閱 Pasternak, 1972: 86-94。J. Watson（1977）探討在香港新界的一個強勢宗族對鄰近村落的控制。

19　DeGlopper, 1977: 640-42。這類戰鬥也見諸於中國大陸的報導。參閱 Baker, 1968: 190n48; Duara, 1988: 110-11。

20　Huang, 1975.

21　先前討論有關清朝時代美濃的著作包括 Cohen, 1969, 1976。在 1971 到 1972 年的田野工作是與巴博德教授聯合進行。參閱 Pasternak, 1983。

線，但這個社群由客語使用者所組成，建立於乾隆早期（介於 1736 和 1749 年之間），周圍受到福佬人或原住民社群所圍繞。到了清朝統治末期（在臺灣到 1895 年止），依據在 1894 年官方編撰的《鳳山采訪冊》，這個社群包括了 11 個村落或庄：瀰濃、柚仔林、竹頭角、龍肚、中壇、九芎林、新寮、新威、月眉、新庄以及東振新庄。[22] 然而，後面 5 個村落目前位於美濃鎮的界線之外，它們在清朝只佔了整個社群人口的少數。儘管無法取得可資運用的清朝人口數據，1935 年的日本人口普查 [23] 記錄了在現代美濃鎮範圍內客家人口為 22,914 人，相當於當時全部 11 個庄頭客家人口總數 29,860 人的 76%（在 11 庄頭當中只有 3% 的居民不是客家人）；這個人口比例可能跟晚清時期，在 1895 年日本佔領之前，沒有很大差別，我估計當時人口約為 1935 年總數的 90%，或者是大致超過 9,000 人。[24]

客家人從 1736 年開始定居於瀰濃區域。林豐山與林桂山帶領著跟他們一樣來自廣東省鎮平縣的 40 多人，從現今屏東縣里港鄉的武洛庄遷入瀰濃庄。1737 年也是來自鎮平的涂百清，帶領 20 餘人來到龍肚；翌年，劉玉衡帶領 150 人定居在竹頭角；而且在 1748 年李九禮創立中壇。[25]

在清朝，相對於正式的國家治理，瀰濃和較大的客家地區的社會大多採行自治。瀰濃地區的客家村落構成了一個有組織的客家聚落區域，延伸到最北端的地方。其中大部分是適合種植水稻的平原，位於東邊的中央山脈與西邊的下淡水溪（或高屏溪）及其源頭之間。這個客家語使用地區北起現在的美濃鎮，向南延伸大約 50 英里到佳冬。目前該地區分屬高雄縣和屏東縣，在清朝則是單單涵蓋在鳳山縣之內。在鳳山縣東緣的客家村莊，就夾在主要分布於西部的敵對福佬話使用者，甚至在山區和丘陵地帶更具敵意的原住民群體之間。早在日本政府 1895 年到達這裡之前，客家人已成功

---

22 FSTFT, 1960: 12-13.

23 Kokusei, 1937: 278-81.

24 Pasternak, 1983: 40, Table 2.5 龍肚在 1906 年的人口為 1,428 人。由於其他記錄遺失的關係，他估計這個數字大約代表總數的 80%。調整後的 1906 年人口為 1,785 人，相當於 1935 年龍肚人口 3,514 人的 51%。

25 Cohen, 1969: 167-68; Chung, 1973: 74-75; Pasternak, 1983: 15-16.

保護其土地，並往東部和西部擴張。臺灣最重要的市集城鎮都由福佬人所定居，他們也控制了西海岸的港口城市。南臺灣客家人組建在一個軍事架構之中，他們的社會整合表現著一項事實，對於灌溉用水、土地、市場和交通的爭鬥，是由依據族群和語言識別的基礎而彼此對立的群體所發動。

這個客家軍事組織稱為「六堆」，涵蓋了南臺灣整個客家聚落區域。瀰濃區域被含納在六堆的「右堆」當中。其他各堆是左堆、中堆、後堆、前堆與先鋒堆；這些各堆圍繞在佳冬、新埤、竹田、內埔、長治與萬巒的聚落。[26] 每堆由一位「總理」所領導，由「副總理」協助；「大總理」和「副大總理」管理整個六堆組織的事務。六堆總部設於後堆的小鎮內埔，這是唯一的客家集鎮。忠義亭建於 1722 年，六堆在 1721 年成立，客家人動員其軍事力量支持清帝國勢力的過程當中，對抗福佬人朱一貴所帶領的叛亂。依據 1871 年的《福建通志》，生活在鳳山縣的「一百餘庄」的粵民（廣東人，亦即客家人），有 8,000 多名男子組成六堆，跟朱一貴勢力對壘。[27]

到了 1732 年，南臺灣客家人對抗吳福生（也是福佬人）所率領的叛亂。清帝國感謝客家人對平亂所提供的援助，授予軍銜給客家人領袖，或晉升已有軍銜者。此外，褒獎在戰鬥中擔任重要職務的 354 位。這些官方的記錄在 1740 年和 1741 年所發表的聲明；在先前的公告所提到的 152 名包括：涂百清、林豐山、林桂山，他們不是別人，就是創立龍肚與瀰濃的先驅者。[28] 當林姓兄弟在乾隆元年（1736）來到瀰濃，他們樹立了一座石碑，至今依然屹立，而且碑文確認了其中一人是右堆總理。因此顯而易見的是，瀰濃地區最初開拓的聚落是處在六堆組織的框架之中，客家人擴張的過程。在整個清朝時代，瀰濃社會持續透過六堆來建構，而我現在試著從幾個觀點來呈現瀰濃各村莊如何共組一個社群，同時，這整個區域被建構成右堆，整合到南臺灣一個更大的全然客家的社會體系。

---

26 參閱 Pasternak, 1972: 143 的地圖，或是 Pasternak, 1983: 17。
27 Chung, 1973: 84-86; Pasternak, 1972: 142-45, 1983: 15-23.
28 Chung, 1973: 91-92.

在清領時期，臺灣各地的日常村落事務都委託頭人管理，稱呼這些頭人的名稱非常多樣。[29] 在鳳山縣，人們將村長（庄長）稱為「管事」或「經理」。原先的管事是不在地地主的「大租」權利持有者的本地代表人，並負責收取糧食租金並從他轄下村落運送出去。然而，到了 18 世紀初，管事的角色已逐漸擴充涵蓋了村長的位置。[30] 他在後面所取得的這項職位受到縣政府正式認可，但只有在該名男子從自己村內被選出之後才會獲得任命。我尚未發現文獻證據顯示，從政府的角度來看，管事具有任何超越村落層級但低於縣級的相互連結組織。但事實上，瀰濃的各個管事整合在六堆組織當中。在廣義的右堆社群之中，瀰濃庄所佔據的核心位置反映在「公館」這個聚落內，右堆 9 個村落的管事，再加上右堆的總理和副總理，定期在此聚會（有人告訴我，每月一次）。總理及副總理也參加在六堆總部忠義亭的定期聚會，在那裡跟其他各堆的同僚，以及綜理整個六堆組織的大總理和副大總理開會。

將瀰濃的各庄整合進入一個單一架構下，也表現在組織化的社群宗教之中。雖然這個社群宗教存在著諸多面向，但為了說明清楚起見，我所處理的這個面向可稱為領域識別宗教（territorial identification），其焦點在於一尊土地神──福德正神（普遍稱為土地公，但客家人稱之為伯公）。瀰濃的每個村莊都有一套由諸多伯公所構成的層級關係，這對應著這個社群的空間組織。例如，龍肚庄分為 3 個獨立的社區：庄東、庄中與庄西，而且每個社區都有一尊伯公（庄東伯公等等）。每個社區都是一個獨立的宗教社群，以滿足某些祭祀目的，但這整個村落也有其儀式焦點：龍肚開庄伯公。在瀰濃庄也有類似安排，當地有 3 個社區（庄頭、庄中與庄尾），每個社區都有自己的庄頭伯公，但在某些脈絡下也被認定為代表整個村落。當地也有一座瀰濃開庄伯公，具有一個特殊地位，表現瀰濃庄在整個右堆的核心地位。這尊特殊伯公的慶典是在一年一度的「二月戲」，當村莊居民準備食物和贊助戲劇表演，既是為了伯公，也為了招待從其他村莊湧入的大批親戚朋友。

29　參閱 Tai, 1979: 218-31。

30　Chung, 1973: 76, 86.

持有功名（學位）者在六堆的社會地位，反映著這類人士在中國農村各地所具有的影響力。持有功名者在自家社區有著非正式的極大權力，在這個意義上，這個權力並不必然關連到地方行政職位。然而，在右堆的許多村長（管事）持有最低層級的功名（生員或秀才），而具有更高功名者（特別是貢生和舉人）則出現在各「堆」的總理和副總理，以及整個六堆組織的大總理和副大總理當中。[31] 因此，在許多情況下被要求定期動員以捍衛他們的社群，或者擴張客家所控制的領域，更高層級的功名持有者以及他們直接向政府官員協調的基礎能力，關連到在社會各個不同層級的他們接受了行政職位。

六堆並非純然是個地域社群，在於它僅限定在客家人的居住地區，這個區域當中依然有許多福佬人的村落。但在其他方面，它正是一個社群布局，清楚地合乎中國地方組織的普遍模式，其中較小的地域單位相互連結，形成愈來愈大的單位。在這種布局當中，最大的地域單位人口共同在「面對面」的基礎上，參與了一組經濟、社會和宗教的活動。孔飛力（Philip A. Kuhn）從「地方組織的尺度」（scales of local organization）的角度來探討這種地方社會模式。他在對 18 世紀末和 19 世紀中國農村地方軍事化的分析當中，特別提到團或民兵，他也將這組名詞普遍應用於地方社群。「單一」（simplex）的單位通常包含單一村落或一小群集中在一起的聚落；「多重」（multiplex）群體則是大型多村落組織；當這些「多重」結構的成員結盟成為一個相對龐大的實體，結果就成為一個「擴展一多重」（extended-multiplex）組織。[32] 儘管有時可能很難將一個持續存在的社群網絡連結，跟不同地方社群聚集以抵抗共同威脅的臨時聯盟，彼此劃分清楚，[33] 儘管如此，六堆依然完全符合孔飛力的類型分析：村莊或庄是「單一」、堆是「多重」（multiplex）、六堆是「擴展多重」（extended multiplex）。然而，六堆的創立年代必定早於清末團練。臺灣社會在清朝時期的大部分時間都是軍事化的，因此地方層級的軍事化所體現的是長久存在的地方社群之間的利益

31　Chung, 1973: 175-92.

32　Kuhn, 1970: 64-76.

33　參閱 Groves, 1969。

衝突，而非王朝衰落的前兆。地方組織的基礎就是狹隘的自身利益；這表現在不同歷史環境之下。在南臺灣客家人的例子，問題在於他們跟鄰近福佬人具有依據族群語言差異而來的敵對區隔，例如，六堆的各個分支已被描寫成為「在政治上、社會上和軍事上相互連結；（全部放在一起看），他們構成了南臺灣客家人最高層級的整合體」。[34]

宗教、社群與法人

南臺灣客家社會體系發展成熟的明確象徵，就是一座重要宗教中心——六堆總部所在地的內埔天后宮——的興築和落成。女神天后，也稱為聖母，俗稱媽祖。媽祖在昔日是（至今依然是）臺灣的重要神祇，她的力量同樣獲得客家人和福佬人的認同。[35] 她這座寺廟於 1803 年落成，並於 1852 年重修，在當地一位具有崇高功名者（舉人）的贊助下，配備了更奢華的規模。這兩個事件都獲得各式各樣來源的捐款所支持，而且捐款記錄都銘刻在石碑上。這些石碑至今依然存在，而且碑文已被複製和出版，成為這類文獻材料所匯集成的一套合集的一部分。[36] 以群體及個人名義提出的這些捐款就是公開的認同主張，因此相當可靠呈現了南臺灣的客家社會體系範圍內，存在著眾多的法人（嘗會），以各種不同方式訴諸於華人宗教的傳統，來支持他們宗教的合法性及組織特性。

在 1803 和 1852 年的這兩塊石碑，其中一部分不再清晰可辨；由於在這兩者之中，1852 年的記錄較為有用，我在概述這兩組石碑的資料之後，就會用它來進行更詳盡分析。在 1803 年有超過 1,353 位捐款者——確實數字依然無法確定——其中來自至少 53 個有地名的聚落，有可能多達 59 個，而在 1852 年有 38 個聚落、1,168 名捐款者。後面對於這些捐款單位的類別分析適用於這兩個年分，但我只羅列 1852 年的資料。有 14 位捐款者來自商業公司，可能是商店，175 人來自群體，主要是擁有土地的法人，

34　Pasternak, 1983: 16.

35　Sangren, 1988; J. Watson, 1985: 292-324.

36　TWNP, 1966；1803 年碑文在 164-178 頁；1852 年碑文在 294-304 頁。

並有 776 位捐款者列在個人姓名之下。其餘 203 位捐款者的名字無法辨認。這些群體是我在這裡的主要興趣所在，可細分如下：68 個群體以祖先崇拜做為其宗教任務，血親親屬做為其組織原則；76 個以非祖先的神祇或個人做為其崇拜對象；15 個專門致力經營一個特定節日的祭拜儀式，如清明或中秋；有 16 個，包括義渡會和老人會，明顯關注非宗教的事業。整體來看，這些捐資建廟者是各式各樣中國民間宗教和菁英宗教的代表人。

當地的祖先祭祀群體數目比我所舉出的還要多，依據我所持有的族譜與帳冊影本，我知道在前面提到的僅列出姓名的捐獻者，實際上屬於某些非常大型組織的重要祖先，有些非常遙遠。雖然我將這些群體視為宗族組織，但有可能存在著更多被我漏失的。整體來說，有 17 種各式各樣的神明及歷史人物，由各種非宗族群體所崇祀：包括孔子（或孔孟）成為 3 個群體的儀式核心，有數尊關連到文學及科舉考試的神祇由 9 個群體所崇拜（文魁、文昌等等）。也有民間宗教的眾神，其中有福德正神（也就是土地公或伯公，土地神）有 23 個群體將祂視為保護神，以及聖母（或是天后或媽祖）同樣是 26 個群體的神祇。其他神祇包括太子爺、五顯、真君、三山國王、義民爺等等，而有 2 個群體崇祀觀音。10 個群體關連到農曆新年正月十五日的元宵節，並在此時舉行燈籠慶典，3 個群體關連到掃墓並祭祀亡者的清明節，有 2 個群體跟中秋節有關。5 個群體把焦點放在橋梁，4 個自稱「老人基金」（老人費）以及其他幾個群體將宗教概念納入其組織之中；每座橋梁都有自己的守護神，同時是專屬那個群體的；而「老人基金」，除了其他事項外，專門捐款給喪葬相關儀式。

這些群體大多被認定為「社團」或「祭祀社團」（會、田、祀典）。其中包括一些宗族群體，而其他被指稱為「嘗」，這可能意指「祭祖社團」或「祭祖地產」。這些名詞全都指稱法人群體，擁有土地，或透過「典賣」來控制土地；無論他們是祭祀祖先、祭祀神明、或是任務取向的，從一個經濟觀點來看，他們都以一模一樣的方式所組成。其中有幾個人，毫無例外皆為男性家長，決定設立一個組織並捐出一塊土地給它。這是透過創始會員依據一個議定價格來分配股份。這些會員的捐款金額不一，主要依據他們所欲取得的股份多寡而定。然後取得土地，而且將租金收入用在多種用途：

如果有的話，它支應了該組織所致力的儀式及各項非儀式任務；它支付了跟定期儀式合辦的會員飲宴費用；它可用來為這個群體購置更多土地；最後如果有剩餘資金，都可按照每股股息金額直接分配給會員。

這些股份本身都是家產，而且完整傳給這些組織創立者的兒子及子嗣。在中國人強調兄弟對這類財產享有均等權利的情況下，某些會份變成由一群人數不斷增加的人們的共同財產，因此任何一個持有土地的嘗會的成員人數往往隨時間而增加。然而，我們應當參閱下面的內容，在分家過程中，一個會份可能會被完整指定到其中一位兄弟所分得的家產當中（而不分割）。

這類嘗會的形成就是一個具有重要經濟與政治意涵的過程，因為從中產生的就是一個具有新共同利益的新結盟關係的組織。每創立一個新嘗會，就是一項排他的行為，排除了這整個較大地方社群的其他成員，而這個嘗會是從這個社群當中發展出來的。至少就我所熟悉的幾個大型嘗會來說，這些嘗會大多跨越了社會與經濟的階層。某些成員來自社會上較富裕之人，包括擁有功名者及其他地方菁英，但其他成員也是在該嘗會所有土地上耕作的佃農。這群菁英或至少是社會上較有名望的人物，往往主控了這個嘗會內部的管理者職位，因此這個集體地產其實對某些強有力的個人提供了經濟基礎及委託管理權，這同時強化且增添了他們依據自有私產及在地方社群內部的整體崇高地位而享有的優勢。另一方面，身為嘗會成員的佃農，也比起不屬於該嘗會的佃農，處在一個更有利的位置；他有時支付較少的租金，他如同其他成員一樣收到股息，而且他參與了定期舉辦的飲宴。即使說飲宴的經濟重要性微不足道，但它確實強調了一項事實，對社會經濟地位較低者而言，跟個別菁英共同具有在某個法人當中的會員身分，除了基於共同居住或親屬的關係外，為他們提供了接近權力和影響力核心的管道。一些嘗會可能具有類似的橫向連結關係，至少在創立之初是如此；在某些情況下，嘗會的份額持有人可能全都是富人，他們很少或根本沒有必要親自耕作土地，而在其他情況，嘗會成員可能全都是集體擁有土地的佃農。這類情況很可能關連到某些嘗會所採用的輪值經營體系。經營權或多或少永遠掌握在一個人手裡，或限定由該嘗會的極少數成員所掌

握，這可能反映了在具有來自不同經濟社會階層成員的一個組織當中，某些人所享有的主導地位。

這些不同的持有土地的組織具有相互重疊的成員。擁有一個以上的嘗會股份似乎相當普遍，雖然可以確定的情況是富裕家庭普遍比一般家庭擁有更多股份。藉由組建新的組織來吸引不同類別的會員，可以建立或加強延伸跨越南臺灣客家廣大地區的複雜且環環相扣的關係。因此，各個不同組織的成員的空間分布範圍差異很大，有些組織侷限於較小區域，而另一些成員來自廣泛散布的聚落。無庸贅言的是，一個嘗會領導者所期望的土地範圍，在決定其組織原則時至為重要。

一個新嘗會的形成過程，包含著同時發生的「排他」（exclusion）過程和涵納（inclusion）過程；有些人進入了這個新關係，其他人則被排除在外。這兩個過程都反映在各個嘗會所訴求的章程，這些嘗會全都組織在較大的社群框架之內。我們已看到宗教如何支持地域識別——並因此支持涵納性質的社群識別——如何呈現在地域神福德正神的祀典。然而，就我們所要討論的嘗會而言，有一種巧妙處理成員資格的方式，就是精確依據同一套地域社群識別層級來進行組織操作，某些層級只涵蓋一個特定聚落的社區，而其他較高層級可能涵蓋整個村莊或甚至更大區域。因此，6 個來自新東勢庄的福德會，每一個都捐款給內埔寺廟。有 3 個可以輕易認出是福德會（福德典），但兩個是按照各個村莊社區名稱而命名，剩下的一個，「後堆福德」指的是六堆防守組織當中的一個整體單位；這個單位包括了新東勢以外的許多其他聚落。因此，這種地域歸屬的宗教可被用來組成包含不同範圍的空間單位的組織章程，進而包括了不同類別的潛在成員。被排除在外的人並未落在章程所規定的會員類別範圍之內，以及依據章程條款具有資格，卻沒有意願、沒有能力或未獲邀購買股份者。在福德正神祭典的脈絡當中，所創立的章程不用完全依靠地域歸屬。在內埔鎮的部分，列出了 2 個福德會，一個「老福德典」，另一個是「福德二八儀典」，這個福德會專司農曆二月與八月的祭典。這兩個嘗會都使用同一種空間指涉物，換言之，它們在相同的涵納層次上運作。但在訴諸一項特定儀式義務做為一

個附加準則，為這個新設的排他性嘗會提供了宗教功能。我已提過，一種儀式本身就足以成為一個組織的宗教章程。這同樣適用於不同的神祇或歷史人物，那麼在一個特定社群，折衷觀點可成為在一個相同的涵納層次之上，各個不同群體成型過程的一種表現形式。例如，在新北勢庄所列出的3個宗教組織。一個是「聖母祀典」，專祀聖母（媽祖或天后）；另一個是「孔聖祀典」，專祀孔子；第三個是「元宵典」，本身關注農曆新年正月十五日。回到新東勢庄，有「元宵典」、「老元宵典」、「新元宵典」以及「天燈典」，這3個嘗會全都關注農曆新年正月十五日。此外，有3尊神祇受到祈求，出現在「聖母典」、「真君典」、「太子爺典」。

顯然地，具有排他性成員資格的擁有地產的法人，並沒有告訴我們宗教組織的全部內容。正如我先前曾提過的，這類嘗會出現在一個脈絡之中，其中的宗教生活完全嵌入在整個社群當中。正如在中國其他地方，南臺灣客家地區的社群宗教所關注的焦點不僅止於前述的地域神，更關注於廟宇或眾多廟宇所構成的層級結構，這些廟宇是政治和宗教的中心。因此，1852年內埔天后宮重修這件事受到整個南臺灣客家社群所關注。地方上的客家菁英都積極參與，總部設在內埔的籌建委員會的成員包括了各種功名持有者：2位舉人、1位恩貢、3位貢生、1位廩生、2位生員和1位監生；此外，有5位監生負責收集在這個客家區域內自己村落的捐款。在天后（即聖母或媽祖）所具有的重要性，而且她的廟宇參照這個包容性的遍及整個社群的宗教體系，無須感到驚訝的是，事實上有26個排他性擁有財產的嘗會專司祭祀天后。雖然就成員資格的角度來看，這些嘗會是排他性的，但其中有許多嘗會之所以創立，就是為了在這個較大的社群組織當中，擔當重要的宗教活動角色。在內埔就至少列名了9個各自獨立的聖母會，一眼就能看出其中有5個會採用常見手法來為自己賦予專屬章程。有一個聖母會專司農曆新年正月十五的慶典「聖母元宵祀典」、一個聖母會專司農曆三月初十的慶典「聖母三月初十祀典」、一個聖母會專司農曆三月二十三的慶典「聖母三月二十三祀典」、「新生祀典葭月初四」，而且還有另一個「聖母油燈祀典」這類似於第一個嘗會，關連到農曆新年正月十五。

　　父系或宗族親屬本身具有宗教上專屬的祖先崇拜。這一點就類似華人宗教的其他主要成分，可以運用在許多組織用途之上。雖然在 1852 年捐資給天后宮的這些祖宗會都是「嘗會」，而且它們的存在本身就表現出「儀式的一體性」，那些已編撰族譜的嘗會也做出「來自一個共同祖先的具體呈現的繼嗣」的主張，因此就符合先前學者所建議的 3 項界定「宗族」（相對於「繼嗣群」）的標準。[37] 在此同時，這些祖宗會展現了研究中國大陸與臺灣宗族的學者所描述的，在組織及招募會員等方面具有許多變異性。[38] 然而就嘗會運作以及為了涵納和排他目的而操縱章程內容等方面而論，它們完全可以相當於非親屬組織。因此在這些嘗會，也可看到一種特別受重視的表現，我在另一個脈絡當中，將之形容為「社團親屬關係」。[39]

　　甚至將宗親做為組織的章程，並不必然會將成員資格限定於共同姓氏的基礎。在內埔有一個這類型的嘗會，就是鍾廖溫龍崗典（用廣東客家核心區域的一處地名來命名）。雖然在 1852 年的名單上這是這類嘗會的唯一例子，但在 1803 年的石碑則指出有其他幾個。在一個混雜多個姓氏的社群當中，共同姓氏可被用來界定涵納的層級。這有可能隱含在某些嘗會的源頭背後，例如「郭姓祖嘗」、「涂姓聖祖會」以及其他幾個。列名為捐資者的嘗會，大多側重於幾位特定的祖先人物。其中有一些確實是非常遙遠的祖先，事實上有幾個完全符合相同目標的嘗會，僅僅以姓氏做為訴求。然而，其他的祖先顯然提供了族譜的基礎，以排除某些具有特定姓氏的人們，但同時涵納其他人進來。由於有些人可能擁有許多個宗親嘗會的股份，想以此基礎在各個祖先之間做出區分，正好是在中國東南和臺灣的宗族研究文獻裡面，曾被充分描述的宗族分支過程。但這也是我先前曾討論的非親屬嘗會的運作過程。這個嘗會組織的動力是一模一樣，無論涉及哪一種宗教傳統，可以進一步在某些宗親嘗會裡面看到各個嘗會透過訴諸於宗教專屬權利的章程，而將自己跟別人區分開來，或是除了普遍關連到

37　J. Watson, 1982: 594；也請參閱 Ebrey and Watson, 1986: 1-15。

38　參閱前註 14 與 15。

39　特別參照到中國北方的父系親屬，請參閱 Cohen, 1990，以了解在「有關連的親屬」與「固定的族譜模式」之間的區別。

多姓氏或某幾位特定祖先的那些嘗會之外。例如，在萬潭村有 3 個鍾姓、
3 個林姓的祖嘗捐款。其中有 2 個嘗會專司祭祀特定祖先；但鍾姓和林姓
兩者都有第三個嘗會專司清明節（鍾清明典、林清明典）。在其章程之中，
後面這兩個嘗會就呈現了姓氏再加上儀式的組合關係，這類似於先前我們
看到的非宗祠的嘗會。此外在萬潭有 2 個嘗會關連到李姓。兩者都訴諸於
一位重要祖先，但為同一個人李厚德。有一個嘗會稱為「李厚德公」，直接
用這個人的名字命名。另一個嘗會稱為「李厚德春分典」。我們走完了一整
圈，神明、姓氏、祖先、儀式和儀式展演的日期，都是可從中國宗教傳統
援引的許多方式之一，並結合各種方式來提供幾乎無限數量的組織特性。
在這麼多樣的嘗會形成過程中，採用宗教的與非宗教的章程，發生在一個
經濟文化脈絡當中，其特色包括商品化及複雜的契約財產關係。社會、經
濟與宗教的複雜性彼此增強，並提供人們機會，以創造新的聯盟關係及嘗
會，在既有的社會與社群關係的脈絡當中，並依據由人們普遍接受的程序
與價值為基礎。

　　我到目前為止的討論所運用的捐款者名單，對於這些不同的法人嘗會
能被組織的各個地域層次，並未提供充足的資訊，但我所能掌握的其他資
料來源，事實上，擁有來自遍及南臺灣客家區域的聚落的成員。例如，我
手上的邱祖嘗帳冊副本，顯示其股東居住在屬於六堆之中五堆的 23 個庄
頭。只有左堆沒有代表，但在蕭家祖嘗的個案，其成員來自橫跨左堆、右
堆與前堆的 18 個庄頭。[40] 然而未來的研究，將會無疑呈現出更多關於這類
廣泛分布的組織個案。我在前面提到的這 2 個嘗會，用來確認整個六堆提
供了一個社群架構，這也是一個社會競爭舞臺，在其中可以形成新組織。

　　就六堆目前位於美濃鎮範圍內的聚落，日本在統治臺灣後不久所實施
的土地調查，為各個持有土地的法人所具有的重要性提供了證據。我對於
這些在 1902 年實施的土地調查——代表著在這項調查過後最終確定的財
產權——記錄的影印本所做的持續分析，指出到那時為止，美濃地區有超
過 200 個嘗會，大致上祖先祭祀的嘗會及各種專司祭祀神明的嘗會各占一

40　引述自 Cohen, 1969: 180。

半。日本政府將大美濃地區劃分為 6 個行政村或區域，目前可取得其中全部的土地所有權資料。這些資料如表 1 與表 2 所示，顯示這些嘗會偏好取得水田或平原，這是當地所能取得的最具生產力且最有價值的土地。在每個例子，屬於祖嘗的土地數量必須被認定為短報。有許多這類嘗會僅以其創始祖先的名字來命名，在欠缺其他證據的情況下，無法跟其他實際上的土地擁有者劃分開來。再者，在許多例子當中，特定的祖先會或非祖先會的身分依然是暫定的，這是由於在美濃的不同區域，有幾個組織可能全都列在同一個名下。儘管如此，顯然這些嘗會——掌握了灌溉設施最完善的 4 個區域的全部水稻田的三分之一到四分之一——曾是當地社會與經濟的一股重要力量。

我前面提過，比起他們地方社群的成員，較富有的家族往往屬於更多的嘗會。這些家庭更有能力跟他人共同參與新嘗會的形成，或購買已經建立的嘗會股份。關於這類家族擁有多個嘗會股份的這種傾向，具體證據在於分家時習慣詳細記載的契約。在我田野工作期間所取得的分家契約之中，有一份是在 1863 年，詳述一個非常富裕的瀰濃林家的分家，分為 4 份。在林家分家之時，有一位在後來擔任瀰濃的管事（或村長）的成員，擁有至少 10 個嘗會的 21 份股份（可能還有第 11 個嘗會的股份；因為原始文件已有部分損毀，其中林家擁有 1 股的股份，但嘗會的名稱漏失了）。在這 10 個嘗會裡面，有 5 個的焦點是神明（觀音會、媽祖會、得勝會、王爺會、五顯會），有 2 個是祖嘗，3 個是功能性嘗會〔橋會（橋梁）、老人會（喪葬組織）、以及 1 個標會（信用組織）〕。在分家之後，這些衍生出來的新家庭所獲得的股份只是各嘗會的一部分。有 2 個嘗會的股份，包括 1 個祖嘗在內，分配給這 4 份，但同時配置其他股份，因此結果是分家的第一股成為 6 個嘗會的會員，第二股 5 個、第三股 2 個或 3 個，第四股 3 個。[41]

---

41 在第二個祖嘗的 2 個股份全都歸給一位兄弟。這是一種特殊的祖嘗名為「丁財會」，其成員資格雖然是依據共同血緣，但完全是個人性質的。如果有位成員申報說他有新生兒子或孫子，並支付一定的費用，那麼後者也註冊成為會員。因此，其會份主要是以繳交會費為基礎。雖然在分家契約的這 2 股被註記為家產，但有可能這幾位已註冊的嘗會成員是這位兄弟及他的兒子。如欲了解更多關於這類嘗會的細節，請參閱 Chou, 1983: 32。

表 1 瀰濃地區已登記土地，依據行政村、土地類型與所有權型態型分

行政村登記土地類別	瀰濃		中壇		龍肚	
	面積（甲）	百分比	面積（甲）	百分比	面積（甲）	百分比
登記土地總面積	1151.7841	100.00%	831.4990	100.00%	706.8209	100.00%
全部水田	585.3676	50.82%	386.8835	46.53%	436.8690	61.81%
全部旱田	488.2230	42.39%	272.7350	32.80%	228.7995	32.37%
全部其他*	78.1935	6.79%	171.8805	20.67%	41.1524	5.82%
水田依所有權分：						
全部水田	585.3676	100.00%	386.8835	100.00%	436.8690	100.00%
私有	373.2531	63.76%	280.8795	72.60%	330.2650	75.60%
全部嘗會	212.1145	36.24%	105.6480	27.31%	106.6040	24.40%
祖嘗	130.4705	22.29%	50.5395	13.06%	49.1530	11.25%
其他嘗會	81.6440	13.95%	55.1085	14.24%	57.4510	13.15%
其他所有權**	0.0000	0.00%	0.3560	0.09%	0.0000	0.00%
旱田依所有權分：						
全部旱田	488.2230	100.00%	272.7350	100.00%	228.7995	100.00%
私有	439.2310	89.97%	247.1270	90.61%	210.9810	92.21%
全部嘗會	48.9920	10.03%	24.7675	9.08%	17.8145	7.79%
祖嘗	30.1155	6.17%	14.0305	5.14%	6.0800	2.66%
其他嘗會	18.8765	3.87%	10.7370	3.94%	11.7345	5.13%
其他所有權**	0.0000	0.00%	0.8405	0.31%	0.0040	0.00%

（續上頁）

行政村登記 土地類別	瀰濃		中壇		龍肚	
	面積（甲）	百分比	面積（甲）	百分比	面積（甲）	百分比
登記土地總面積	587.0295	100.00%	603.5035	100.00%	499.3640	100.00%
全部水田	319.0950	54.36%	4.2975	0.71%	0.0000	0.00%
全部旱田	204.9930	34.92%	495.8920	82.17%	293.5325	58.78%
全部其他*	62.9415	10.72%	103.3140	17.12%	205.8315	41.22%
水田依所有權分：						
全部水田	319.0950	100.00%	4.2975	100.00%	0.0000	0.00%
私有	233.9610	73.32%	4.2975	100.00%	0.0000	0.00%
全部嘗會	85.1340	26.68%	0.0000	0.00%	0.0000	0.00%
祖嘗	38.2690	11.99%	0.0000	0.00%	0.0000	0.00%
其他嘗會	46.8650	14.69%	0.0000	0.00%	0.0000	0.00%
其他所有權**	0.0000	0.00%	0.0000	0.00%	0.0000	
旱田依所有權分：						
全部旱田	204.9930	100.00%	495.8920	100.00%	293.5325	100.00%
私有	162.1065	79.08%	469.6685	94.71%	293.5325	100.00%
全部嘗會	42.1250	20.55%	18.7345	3.78%	0.0000	0.00%
祖嘗	23.9695	11.69%	6.6555	1.34%	0.0000	0.00%
其他嘗會	18.1555	8.86%	12.0790	2.44%	0.0000	0.00%
其他所有權**	0.7615	0.37%	7.4890	1.51%	0.0000	0.00%

* 本項包括（特別在金瓜寮與吉洋）劃歸為國有（亦即日本政府）的未開發土地，其他則主要包括建築用地，但也包括少量的廟宇及墳墓用地。

** 主要是國有（日本）及廟宇。

資料來源：1902 年土地登記簿。

表 2　瀰濃地區已登記土地總計，依據土地類型與所有權型態分

登記土地類別	面積（甲）	百分比
登記土地總面積	4380.0010	100.00%
全部水田	1732.5126	39.56%
全部旱田	1984.1750	45.30%
全部其他*	663.3134	15.14%
水田依所有權分：		
全部水田	1732.5126	100.00%
私有	1222.6561	70.57%
全部嘗會	509.5005	29.41%
祖嘗	268.4320	15.49%
其他嘗會	241.0685	13.91%
其他所有權**	0.3560	0.02%
旱田依所有權分：		
全部旱田	1984.1750	100.00%
私有	1822.6465	91.86%
全部嘗會	152.4335	7.68%
祖嘗	80.8510	4.07%
其他嘗會	71.5825	3.61%
其他所有權**	9.0950	0.46%

*本項包括（特別在金瓜寮與吉洋）劃歸為國有（亦即日本政府）的未開發土地，其他則主要包括建築用地，但也包括少量的廟宇及墳墓用地。

**主要是國有（日本）及廟宇。資料來源：1902 年土地登記簿。

　　在這個分家契約的 4 股當中，有 3 位是兄弟，但第 4 位是另一位已去世兄弟的兒子。這位侄兒在父親故世的情況下，身為長子的他代表著這一

房在契約上簽名，這一房也包括了他的兄弟。因此，分配到這位侄兒名下的 4 個嘗會股份，連同其他的家產，實際上構成了這個新的家產，由他跟兄弟共享權利。他們接收了王爺會的 1 股、五顯會的 1 股，以及一個祖嘗的 2 股。到了 1898 年，後面成立的這個家分家了，在 1863 年這份契約的這位侄兒出現在另一份分家契約之中，這一次他連同兩位兄弟共同分配。在這個例子，三兄弟之間分割的財產是 7 個嘗會當中總數 13.5 股的股份。有趣的是，在 1898 年這三兄弟所分割的股份，跟 25 年前他們所共同接收的那些股份之間，似乎甚少關連。1898 年他們分配了五顯會的 5 個股份，然而在 1863 年僅取得 1 股。在 1898 年所分派的 2 個會（關聖與國王）股份，並未在 1863 年的契約提及。有其他 3 個嘗會在這兩份契約皆有出現，但在 1863 年的契約，這幾個嘗會的會份都分配給其他 3 股，因此在 1898 年契約所分配的這些會份只可能是在 1863 年之後取得。整個來看，這 2 份契約確認了在清朝發生了許多嘗會的會份買賣。就如同在 1863 年，1898 年這個分家契約的結果，就是這些嘗會的家族成員被重新分配：來自祖先嘗會的會份重新在三兄弟之間區分，但他們每個人也從其他 3 個嘗會各取得 1 個會份。如此，每一位兄弟成為一個不同嘗會的成員。此外，依據 1898 年的協議，有一個國王會的會份，其宗教焦點是三山國王，這個會份被指定給一個新設立的祖嘗，其經營管理將由三兄弟每年輪值。在這個契約當中的這項條款，成為在清代商品化高度發展的進一步證據，因為它呈現在一個法人當中的會份如何被當成對另一個嘗會的捐贈財產。

　　雖然較富裕家庭往往屬於更多個嘗會，但在晚清時代，有實質比例的美濃家庭（就算不是大多數）都至少是一個嘗會的會員。即使一個非常低估的平均值，每個嘗會有 20 個會份，再加上位於目前美濃鎮界範圍之內（因此並不包括在他處擁有土地者），有同樣低估數目的 200 個嘗會，產生了最低估計值的 4,000 個會份，而在日本佔領之前，當地僅有大約 9,000 人的人口。顯然，以每家為基礎計算，取得股份的能力就更大。嘗會連同其相關的契約、經濟、社會與宗教活動，深植於地方文化當中，並涉及有功名者的參與，富人及一般農民也一樣。

同樣地，從宗教角度來界定嘗會組織，就宗教在提供整個社會安排的表現形式的一種語彙的這個角色上，只不過是其中一個面向。宗教凸顯了客家社群的組織、歷史，以及它與中國社會整體的關連性。宗教也反映著客家社群跟相鄰社群的衝突。正是透過宗教，各種社會安排才會在一整個儀式年分當中，受到人們恆久的強調，在不同時間，各種不同的社會地景特徵被賦予了儀禮及儀式的表現形態。專司信仰的嘗會章程所援引的是常見的宗教語彙，往往與菁英有關，就好比專司奉祀孔子與孟子的嘗會；其他嘗會的章程則是援引自民眾宗教領域的層面。因此他們所支持的嘗會及儀式，跨越了想像中的菁英—大眾界線，凸顯了一項事實，這類型的嘗會每一個都從一套共同的信仰體系，援引其特殊的宗教焦點。

比較

我已經指出，南臺灣客家的組織多元型態是漢文化的典型特色，同時出現在臺灣及大陸。來自大陸的證據當然是顯示出許多類似於臺灣的組織安排。毫不意外的是，在臺灣所見到的嘗會類型，也盛行於中國大陸的客家核心區域。就在 1930 年，毛澤東在江西邊境緊鄰廣東省的客家縣份尋烏縣，那裡是大多數美濃客家人追溯其祖先源頭的區域。他報導說，在尋烏有 40% 的土地掌握在嘗會手裡，祖先土地占這些嘗會土地的 60%，而「宗教信託會」占 8%。其他嘗會土地則掌握在「橋會、路會與稅會」手裡。[42]

類似的組織形式也可在客家區域以外的地方見到，例如，福武忠（Fu-kutake）提到關於在華中接近蘇州的地方的一個村落當中。

在這個區域到處都可見到孟姜廟及廟會……其成員範圍是有限的；成員在廟宇慶典時輪值，這個慶典的花費超出貧窮農民所能負擔。非會員可以前去觀看慶典並受招待享用茶點，但他們不能參與其中。慶典並非由整個社區所慶祝，而是由嘗會的特定會員所負責。

---

42 Mao, 1990: 122-32.

小農及按日計酬的勞工並不必然會被排除在嘗會之外，但他們缺乏
參與這些嘗會所需的金錢。[43]

同樣地，從另一個來源，有一則對於安徽血親組織主題的變異型態的
敘述，非常類似於臺灣鄉間的某個組織：

（在安徽）有兩個類型的血親祭祀組織（家族祀會）：丁會與祭會。丁
會是透過血親（族人）的捐獻所建立。無論每一丁所出資的金額是現
金 100 元或現金 1,000 元，都是建立在書面協議。一個人若是為多
少個男丁出資，就在這個會享有多少個股份。有時候擁有多個會份
的人，會透過買賣將多餘會份出售給族人。雖然是同一族人，但是
並未成為丁會股東（丁股）者，並不會跟丁股在同一時間獻祭。然
而，他們可以邀請其他血親（族人）來組織一個獨立的丁會。這種丁
會組織是由繼承的祭祀用財產（祀產）所構成。所有那些屬於這個血
緣嘗會者（族人）可參與祭祀。這些習俗普遍存在於安徽的太湖、望
江、潛山等縣。[44]

顯然，我先前所提的這幾項引述，並未有任何一項確實處理了他們所
描述區域的組織複雜性。但他們確實提出有各種不同成分，能用來討論在
臺灣鄉村地區錯綜複雜的社會、經濟與宗教安排方式——例如商品化、契
約關係、共有財產安排，以及宗教與嘗會之間的緊密連結——都是晚帝國
時期中國文化所廣泛分布的特色，這是由從大陸來到的移民帶來這座島
嶼。[45]我們如欲對中國鄉村人民的文化與經濟成熟程度，獲致更全面的認
識，就有必要針對這些依然相對較少被探索的鄉村社會、經濟與宗教生
活，從事更進一步的研究；這樣的研究也能讓我們站在更佳位置，將鄉村
文化連結到中國的城市文化。[46]

43　Fukutake, 1967: 89.

44　MSHT, 1970: 1474. 譯註，這 3 個縣目前皆屬安徽省安慶市管轄。

45　如欲瞭解中國北方的嘗會，參閱 Duara, 1988: 91-108, 118-32。

46　參閱 Hayes（1977）以瞭解對於晚清時期香港地區的鄉村與城鎮居民的經營能力
　　與成熟度；引述自施堅雅（Skinner, 1977: 253-74）對於鄉村—都市文化連結關係
　　的討論。

客家人或「客人」：
試論在中國東南將方言做為社會文化變項
The Hakka or "Guest People":
Dialect as a Sociocultural Variable in Southeastern China * 1

徐雨村譯

引言

　　本論文的關注在發展一個前提，將中國東南的語言多樣性視為影響這個區域的社會組織的一項變數。這些被人們用來區別不同社會群體結合的語言差異，將可透過這項針對廣東及廣西鄰近區域的客語使用者（客家人）與廣東話使用者（廣府人或本地人）的互動研究，而呈現出來。

　　人類學家可能指出中國東南具有幾項特色，足以凸顯該區域跟其他漢族佔據地區的差異。藉著這麼做，學者可能會選擇維持同時限研究觀點，但也堅持一條有彈性的基準線，以便發展出一套包含任何一點的充足記錄。

　　這個取向已由一本將中國東南視為整體的人類學分析作品所嘗試採用。傅利曼（Maurice Freedman）的《中國東南的宗族組織》（*Lineage Organization in Southeastern China*）（1958）所依據的材料當中，有些是「全然社會學的」，但「有大部分（材料）⋯⋯來自非常異質的書籍與論文的集合體」，包括「在各個空間與時間當中跳來跳去」（vi）。傅利曼援引了 19 世紀

---

* 　譯稿所使用之原文收錄於：Myron L. Cohen, "The Hakka or 'Guest People': Dialect as a Sociocultural Variable in Southeastern China," *Ethnohistory* 15: 3(1968), pp.237-292.

1 　這篇論文在 1963 年呈交給哥倫比亞大學人類學系，做為文學碩士學位論文。先前的版本名為〈方言差異與社會關係：19 世紀廣東人——客家人的互動〉，在 1962 年 10 月 11 日至 23 日，於康乃爾大學舉行的第四屆中國社會研討會中宣讀。研究經費來源為美國知識社會協會的當代中國聯合委員會的中國社會研究分會，以及社會科學研究院。

及中共建國之前的 20 世紀資料，呈現一套用來解釋廣東與福建社會組織的模型。本文以傅利曼的這本專書做為出發點，並試圖在這個已由他所呈現的中國東南社會的圖象，再加進另一個新面向。

傅利曼（Freedman, 1958: 2-3）的研究興趣是針對中國東南在地化與階層化宗族組織，建立其在人際關係的順序排列以及在社會群體建構所具有的重要性。在地化宗族當然是漢族社會文化的眾多成分之一，我們見到它在中國東南有重大發展，而且其重要表現形態就是常見由單一宗族成員所居住的村落（單姓村）。

若是考慮到區域差異性，中國東南有另一項令人驚訝的特徵。就是我們可在這個區域見到大量許多無法互通的地方語言。如富勵士（Forrest, 1948: 10）所說：

在長江以北的各個地區，官話（或北京話）大幅取代了原有的方言。但在南方與東南各省，從江蘇到廣東，依然完整保持著漢語的各種地方型態，有時被稱為最出類拔萃的「方言」。

除了在長江口附近使用的吳語之外，富勵士（Forrest, A. B. D.）區分了「三個主要方言群：廣東話、客家與福建方言」（1951: 673）。客家話與廣東話的使用範圍大多限定在廣東省，雖然兩者都延伸到廣西省。在福建方言群當中，在廣東省最北端也有潮汕方言（Forrest, 1951: 673-74）。

我們因此可注意一項有趣事實，就在福建跟廣東這兩個省，「這種血緣與地緣社群同時出現的情況……似乎是最顯著的」（Freedman, 1958: 1），這個區域也展現相當程度的語言異質性。但在這個廣大範圍的區域當中，出現了數種方言的這件事情本身，並不意味著就群體的形成與建構而言（或是就社會組織而言），這些殊異的語言群體之間的互動具有重要性。然而，其他新增的資訊闡明了一個論點，福建與廣東的語言多樣性被往下帶到地方層次，而且這兩省居民可能發現自己經常跟說著非自己方言的人群往來。富勵士發現福建「方言」，雖然「跟廣東的兩種大型方言有著明顯

差異」，但事實上「福建的各種方言之間也有所不同」。除了福建語群的廈門、汕頭、潮州、建陽與建寧方言之外，另有其他語言，包括福州話，「據說離開福州當地大約四十英里外就無人能懂」（Forrest, 1951: 675-76）。而且富勵士告訴我們在廣東的「廣東人與客家人之間並沒有清楚界線，這是由於這兩群人往往在相同區域當中，佔據彼此分隔的村落」（1951: 674），這個語言學事實具有社會學的意義。

有關中國東南各語言群體之間的互動關係研究當中，極少數採用西方語言所寫成的資料，基於各種不同的歷史理由，幾乎完全都處理在廣東人當中的客家人聚落，以及在這兩種方言使用者後續發生的衝突。事實上，正是衝突狀況在 19 世紀中葉所達到的比例，在一開始就促使西方人關注並出版關於客家人與廣東人的事實、兩者的差異及爭端。無疑地，詳細檢視漢族語料，將產生許多探討在福建及粵北的那些部分地區的社會整體樣貌當中，語言差異性意義的材料，以及在粵北部分區域，各種福建方言使用者之間或者他們跟客家人與廣東人之間的互動關係。

但如欲運用中文資料來處理廣東及福建全部的地方狀況，將會耗費超越這篇論文所需的研究努力。在西方有關客家人—廣東人互動的資料中，就已具備充分資訊，來呈現在一個更有限範圍進行研究的主要大綱。

因此我只有在採取其他方式，無法充分詳述觀點且需要提供歷史簡介的情況下，才會運用中文來源的資料。即使說本文因此成為僅僅針對兩個語言社群之間互動關係的個案研究，但應當在此指出的是，在廣東的廣大地區（以及鄰接廣西的部分），客語使用者與廣東人混居。因此本文內容涵蓋了中國東南的一大部分。在這整個區域，客家話—廣東話的充分交互滲透將在下個階段產生。

想要總結這段介紹性的陳述，最好的方法就是簡短陳述傅利曼（1958）作品當中有關本論文的部分。

傅利曼（1958）認為中國東南社會的形貌，主要是透過兩種組織關係模式的交互作用。個人可能成為擁有土地且階層化的父系宗族成員，從那裡

取得宗族共有的資源，而且在那裡宗族以同一單位的形式運作，無論是為了保衛或擴張其共有財產，或許也包括宗族成員的私人地產。

在這種高度地方化與集村化的情況下，往往導致宗族就等同於村落，政治及經濟的階層分化將發生在組織化的血親社群脈絡當中，而且宗族提供給成員的利益可能被不公平分配。這確實反映一項事實，以親屬為基底的宗族深陷在一個更大範圍、具有強大社會經濟階級分化的社會當中。

昔日遍及全中國的一項社會特色就是仕紳—鄉民的二分，其中人們所擁有的財富主要或最終是以土地形態表現，能讓一個人或其子孫有資格加入國家的官僚體制。在那些有資格參與官僚體制的人們，以及國家權力在地方代理人之間，具有身處同一社會經濟階層成員而形成的共同連結關係。這種關係的具體表現就是，任何地方的仕紳都完全掌控了當地人向國家權力的地方代理人接觸的權力。就中國東南的宗族而言，階級分化因而具有一種功能價值，因為這意味著有些人能代表其宗族來跟國家打交道。但仕紳本身也代表國家來處理宗族事務，再加上仕紳身兼地主及宗族財富控制者的地位，導致在仕紳和鄉民之間持續存在著緊張。反抗國家的行動則採取秘密會社的參與形式，其成員範圍跨越了宗族界線。

這同時意味著，宗族無力抵抗政府來完全捍衛其共同利益，以及親屬連結關係在一個經濟分化社會當中的侷限性。我們可從前文看出，傅利曼所提的解釋中國東南的模型，包括在透過血緣親屬的群體歸屬原則，以及透過參與全國性階級結盟關係所取得的歸屬感之間取得平衡。在本文，我將致力驗證關於中國東南語言異質性的一項主張，這項事實就是方言是第三種結構變項，也就是第三種群體歸屬手段。

有關客家人—廣東人衝突的證據，最好的檢視方式應該是結合客家人從中國北方遷徙到東南的歷史記錄，以及跟這項遷移同時出現的某些歷史發展。運用這種方式，我們將可看到許多特定因素涉及這些相對抗的語言群體出現在廣東與廣西的過程之中。

羅香林的作品（1933; 1950）涵蓋了有關客家遷徙順序的最詳盡討論。羅香林及其他討論此一議題的作者（Campbell, 1912; Eitel, 1873; Hsieh, 1929; Piton, 1874）都大量仰賴援引自目前可被認定為客語使用者社群所擁有的宗族族譜。使用這類資料顯示出兩個詮釋問題：1. 就他們所探討的這整段時期而言，這些資料來源是否全都可靠？2. 在哪一個點上，這些資料來源關連到這群在語言上有所差異的客家人？

胡先秦（Hu, 1948: 12; 引述自 Freedman, 1958: 7; Chinese and Japanese Repository, 1865: 282）指出，直到宋朝為止，宗族才開始以我們目前所見到的形態出現；直到那時才開始出現如我們現在所認識的族譜記錄。探討客家人的研究者也證實了，在宋朝之前的家族記錄不可信。羅香林（1933：41）呼籲說必須運用族譜來研究客家遷徙，甚至早於宋朝的「修族譜運動之前」，其立論根據是族譜重要性在於它其實是早期資料的唯一來源，但他也提及這些資料的不足之處。讓謝（Hsieh, 1929: 211）和品頓（Piton, 1874: 225）深感困擾的是，在宋朝之前的客家人與廣東人的宗族記錄當中，有關他們的起源和遷移有著許多類似描述。這種相似性有一部分可能可由一項事實來解釋，隨著宋朝播遷到長江以南，強化了對於中國東南非漢民族的吸收（Wiens, 1954: 183），這正好發生在一段普遍流行重構族譜的時代當中。由新近遷入此地的漢族所製作的族譜，可能成為早先遷入當地的居民所仿效的模型。

關於客家人原鄉，只有族譜證據能夠成為指引方向，族譜指出在東晉之前的客家祖先主要是在河南（羅香林，1933：63）。

羅香林將當前客家人的分布情況，詮釋成 5 次先後發生的向南「遷移運動」的結果。第一次大遷移始於 317 年，關連到東晉向南遷移，並延伸遠及江西中部（1933: 43,45）。到了唐代末期，黃巢之亂刺激了第二波遷移（1933: 50）。河南再次受到影響，客家人從該省遷移到江西與福建南部，有些先前就定居在江西北部與中部者也進入福建南部及鄰近的廣東地區（1933: 64）。黃巢並未在江西北部及中部活動，因此在那裡的最早移民未受

干擾（1933: 46）。正是針對這個區域，坎貝爾（Campbell, 1912: 474）報導說，「土潭是我們最早識別出客家話的地方，變得比普通話更不易通曉，我們一往北邊走，就不知如何分類這群人」。[2] 在江西的西北部的語言漸變及鮮明的方言分化，這在其他地方將客家人從他們的鄰人劃分開來，這致使我們懷疑在唐末的遷移期間，客家話尚未從相鄰的華人語言當中強烈分化出來。在這一點，客家人祖先身處在漢族陸上遷移的最前端，因為徐松石（1946：162）已經呈現了客家人在福建南部所遭遇的、而且至少在某種程度上加以吸收的族群並非漢族。

當然，族譜記錄也證實了，晚唐時期在福建南部的聚落，以及目前在該區域及廣東的客家人之間具有連續性，甚至還具有高度的明確性。在廣東客家人當中，有許多人，就算不是大多數人，似乎將祖源直接追溯到福建省汀州府寧化縣石壁的聚落（Piton, 1874: 222; Campbell, 1912: 474; Hsieh, 1929: 216; 羅香林，1933：55-57）。關於石壁的資料似乎指出有一個跟客語使用者有著高度相關性的集村聚落。從唐末延伸到南宋時期，在福建西南的這群集中且相對隔離的客語使用者，同時吸收了周邊的非漢族群，而且可能持續長達 400 年（Hsieh, 1929: 211; 參見 Oehler, 1922: 351）。

雖然客家人遷徙的主要影響直到稍後才被感覺到，但在南宋時期，福建西南部的客家人「孕育期」已開始呈現結束跡象。1171 年，在客家人區域核心的汀州，《福建通志》所記錄的回憶錄描述如下（引述自 Hsieh, 1929: 212）：

> 在汀州盜匪最甚，有十年當中，我們有三次被迫拿起武器……。許多人失去工作淪為盜匪。

跨過福建邊界，在今日的粵北區域，包括梅縣及其鄰近地區，情況就大大不同。鄉區相對人口稀少，但這些居民似乎擁有梅州所有可耕地的地權，這裡成為許多福建西南部移民的目標，如同南宋學者王象之在《輿地紀勝》（引述自羅香林，1933：57）所描述的。

2　譯註：土潭位於江西省吉安市永豐縣。

王象之寫道，在梅州：

土曠民惰，而業農者鮮，悉汀贛僑寓者耕焉；故人不患無田。

〔土地荒廢、人民懶惰；農民稀少，而且農民全都來自汀州與贛州（在贛
南）的僑居者；因此人們不擔心無田可耕〕。

這些更早定居於此的粵北居民很快就流離失所，或者被來自福建逐漸
增加的客家人潮所吸收。從宋朝易主元朝的這段期間，客家人開始大量進
入廣東，他們來自鄰近的寧化、長汀與上杭等縣[3]，而且大多數人依然是從
石壁開始分往各地（羅香林，1933：54）。在廣東整個東部與北部人口逐
漸增加的同時，寧化縣的客語使用者人口持續減少。《寧化縣志》記錄了該
縣的人口衰落，從南宋（1253）的 35,000「戶」，到明初（1391）的 12,588
「戶」，到明末的 5,279「戶」（Hsieh, 1929: 213）。雖然這些數字的準確性受
到質疑，但顯示即使在 1277 年這個區域的人們激烈抵抗蒙古人佔領（羅香
林，1933：50-51），可能在一開始導致人口耗盡，但在南方出現更空曠土
地，使得這個人口減少過程持續下去。

這些人口普查數字也顯示，在人口成長的同時，並沒有穩定的人口外
流過程。相反地，我們看到一場預先發生的失衡結果：假設在兩個區域具
有相對等的生態承載能力，在一個受限區域裡面的人口過多，而其他地區
的人口過少。除了山區地形所造成的孤立因素之外，我們可以假定一個相
對可預測的變項，假使正在減少的食物供應可能會在一時之間，抵銷了人
口高密度區域的任何冒險開拓的傾向。此外，在一處相對人口稀少地區的
居民，可能會掌控或主張對部分或全部的潛在可使用土地的先佔權，這在
某種程度上將會限制新移民所能取得的土地數量和品質。但若在某個特定
區域人口開始超過土地承載能力，將產生過剩人口，並被迫找尋新的謀生
方式。這些新方式可能是淪為土匪，或在稍後開拓者透過遷徙，不僅為自
己尋找土地，更可能將消息傳回家鄉（Campbell, 1912: 477）指出，自從南

3　縣是省的下一級行政單位。英文常翻譯為「county」。

宋有位寧化學者在梅州建立書院以來,「兩地的人們都知道彼此」。有許多人參與了這些具開創性的活動,這意味著有關新聚落的未來發展前景的資訊,可能會導致從人口過剩地區發生的大規模遷移,因此在一段極短時間之內,來自不同源頭的人們可能會在這些原先人煙稀少區域,跟「本地人」交錯居住。

就在大批客家人群在閩西立足的這段時期,廣東省正在進行密集的漢化。在唐朝及北宋時期,政府的行政體制愈來愈深入當地,但在一開始時漢族並未跟著湧入這個區域(徐松石,1939:177-78)。一直要等到宋朝將首都南渡長江,在中國東南才開始發生了密集的吸收他族及定居(Wiens, 1954: 183)。

在當時中國東南所發生的漢化,特別是在廣東,為語言上異質但屬漢人的這些社群搭起了彼此相互遭逢的舞臺。我們前面已提過,宋朝的宗族組織發展實與漢文化的傳播有所關連。當南宋末期,大量人口開始從北方進入廣東時,他們遭逢的這個族群具有非常類似自己的文化內容。他們之間的差異點主要是方言。當時廣東的大部分地區居住著廣東話使用者的群體,就在此時,福建西南部的山區居民進入廣東,而且變成人們所知的「客家」或廣東話發音的「Hakka」(參見 Oehler, 1931: 8)。較早定居於此的居民則採取一種相反方式,自稱為「本地」(土著)(參見 Laai, 1950: 92)。至少可從歷史角度看出,在廣東的文化地景萌芽時,在地化血緣群體的發展以及隨之建立的不同語言群體是彼此相關的現象。

我們所討論的這項運動,已由羅香林歸為客家人的第三次遷徙,而且其基本方向是由贛南及福建南部往粵東及粵北移動。這關連到宋朝南渡長江及往後中國全境被蒙古人所征服(1933: 50)。到元朝末期,廣東北部與東部成為純屬客家的區域(1933: 58)。

第四階段的客家遷徙,隨著 1645 年蒙古人的征服,規模開始變大。其主要路線是從粵北及粵東,朝著該省中部及沿海區域移動。客語使用者也到達四川東部及中部、廣西東部與臺灣。來自贛南、福建南部及廣東梅縣

區域的客家人，遷入贛西與湖南的南部及中部（羅香林，1950：34）。這股向南推力的恢復，受到粵北的人口集村化過程所影響，這類似於先前在福建發生的過程。在整個明朝和清朝早期，粵北的客家人口穩定擴張（羅香林，1933：59）。證據顯示早在滿清入侵之前，嘉應州（包括梅縣）區域的人口壓力已迫使大規模遷移並產生盜匪問題。政府官員可能會加快遷移步伐來控制盜匪。在《天下郡國利病書》（引述自 Hsieh, 1929: 220）說道，位於廣東中部的博羅，此後：

> 博邑萬曆以前民皆地著土曠、人稀……。嘉□間嶺東山寇甚張而吾邑被禍獨輕者……。戊申已酉間興寧長樂之民負耒而至，……邑人擯之，當事者謂興長稠而狹博曠而稀，……使人與土相配，不亦可乎。自是……閩之汀漳亦間至焉邑，……地著屏而流寓梗，馭之無道。眾實生心，羣劫曰寇、殺人曰賊、在外曰奸、在內曰宄蓋兼有之，既滋蔓矣……。[4]
>
> 〔在明萬曆年之前，博羅縣的居民皆為本地人。地廣人稀……。在明嘉靖年間（1521-1567），粵東北山賊日益橫行，但這個區域很少受此所擾……在1548到1549年，來自（嘉應州）興寧及長樂的人民帶著家當來到此地……。本地居民反對，但官員說他們那些區域的人口擁擠且貧窮……而且最好讓他們跟本地人住在一起。此後……來自福建汀州與漳州的其他人也來到這裡……。本地人勢力較弱，而新來的客家人較強。各種爭端隨之滋長蔓延。〕

到清朝中葉已見到客語使用者遍布廣東許多地區，而且到了1730年有大量客家人住在廣州近郊（Eitel, 1873:162）。當時在這廣大地區的客家語及廣東話使用者交錯居住，而且後續的客家人「歷史」的一大特色就是這兩個群體之間的暴力衝突。

4　譯註：中譯所使用之引文，來自〔清〕顧炎武，1782 [1664]，《天下郡國利病書》，四庫全書史部第 2805 冊，卷 43。（中國哲學書電子化計劃維基，http://ctext.org/wiki.pl?if=gb&chapter=121461）

在 1825 到 1850 年，該區域的客家人口持續擴張，從廣州東北延伸到東南，特別是在四會、開平、恩平及台山等縣鄰近地區，導致他們跟廣東人衝突日益頻繁；最激烈的戰鬥發生在 1856 年之後，並持續到 1867 年，當時廣東巡撫蔣益澧發布議令，設置赤溪廳為善後區域（保留地），因械鬥而導致流離失所的客家人得以在此重建家園。由於赤溪廳是由台山縣畫出其中一部分所組成，面積過於狹小而無法收容全部的難民，有許多人因此遷到了廣東的西南端、海南島及海外。羅香林將 1867 年的這道議令視為第五次客家大遷徙的開端，這場遷徙在羅香林撰書時依然持續進行當中（1933: 3, 63; 1950: 32-33）。

在 19 世紀客家人向廣東內陸的遷徙，是當時遍及中國各地，漸增的人口數目對土地資源所產生的壓力的一個區域表現形態。比起其他區域，例如長江三角洲區域，在廣東更常感受這種壓力，前者由於在太平天國叛亂期間所導致的人口減少，稍後有一段暫時停止（Ho, 1959: 167-68）。

在 1930 年代和 1940 年代所做的調查和推估顯示，在廣東盛行著依族群而異的人口密度，北部客家區域的人均可耕地面積較少，這是圍繞且構成了珠江口的各個縣份，這裡是客家人—廣東人衝突最猛烈的地區。如果我們將國內移民視為調整人口分布以適應於土地承載力的過程，廣東中部各縣所具有的吸引力就變得明顯（參閱表 1、2）。

雖然說客家人的遷徙至今依然持續發生，但在 19 世紀晚期客語使用者散布到廣東各地是個既成事實。此外，福建南部方言的使用者也定居在廣東省的某些地方。在當時，人們並非未注意到鄉間人群的異質性。歐德里（Eitel, 1867: 47）提到：

廣州省當時的人口就如同英格蘭在諾曼（Norman）征服之後同樣混雜。第一批入侵者，現在稱自己是本地⋯⋯取得了這個省的擁有權，而且，整體來看，成功對抗了其他入侵者，兩種不同的種族⋯⋯。現在他們是用客家以及福佬（或是潮州人）這些名稱來區別⋯⋯。福佬人所保有的土地大多靠近海岸及大河沿岸，而且並未散布到廣東省的內陸各地；然而客家人卻是⋯⋯散布到各地。

表 1　農耕土地及人口密度比較表（廣東北部區域的客家人各縣份）

※ 客語使用者是唯一的漢族農業人群

縣份	耕作土地總面積（畝[5]）	佔全部地區的百分比	人口	平均每人耕作土地面積（畝）
樂昌	207,100	11.00	106,740	1.94
仁化	194,700	11.00	46,492	4.19
南雄	671,500	16.05	202,943	3.30
乳源	153,100	5.30	87,106	1.76
曲江	906,300	12.85	241,904	3.75
始興	205,500	5.10	94,454	2.11
平遠	143,600	5.45	101,790	1.41
蕉嶺	111,100	8.75	107,854	1.03
梅縣	380,200	7.25	548,091	0.69
大埔	111,400	3.30	262,104	0.42
連縣	519,400	17.90	215,872	2.40
翁源	242,000	9.00	134,557	1.87
英德	639,200	7.45	288,475	2.22
連平	155,500	3.50	86,641	1.79
和平	216,000	7.50	162,349	1.33
龍川	122,400	3.50	317,249	0.38
興寧	86,200	2.40	467,836	0.18
五華	139,800	3.65	328,787	0.42
紫金	308,300	6.60	210,284	1.46
連山	52,100	1.85	41,885	1.24
陽山	318,000	5.80	201,841	1.57
合計	5,883,400	7.38	4,255,154	1.38

5　標準的畝，運用在官方統計資料中，等於 0.16 英畝。

表2　1850 到 1867 年間，客家定居者與廣東人發生激烈衝突的縣份

縣份	耕作土地總面積（畝）	佔全部地區的百分比	人口	平均每人耕作土地面積（畝）
四會	857,600	11.35	162,665	5.21
高要	1,063,600	25.95	479,874	2.22
高明	322,300	33.20	100,941	3.19
新會	1,245,100	44.95	881,605	1.41
恩平	299,900	9.20	233,585	1.28
增城	824,000	24.00	365,003	2.26
鶴山	308,900	15.40	246,572	1.25
陽春	322,300	5.10	288,256	1.19
開平	346,800	15.45	498,988	0.70
台山	2,254,700	18.35	737,084	3.06
合計	7,845,200	15.09	3,994,573	1.94

資料來源：

1. 羅香林（1950：53-54）。

2.《中國經濟年鑑》（*Chinese Economic Yearbook*）vol.1，1935：F50-F53。

3.《中華民國行政區》（*Administrative Districts of the Republic of China*）1947：73-79。

4. 羅香林（1933：3，62）。

　　這些先後發生的客家人向南擴張的結果就是到了 1950 年廣東省的 97 個縣當中的人口組成，有 15 個純屬客家人，此外有 50 個縣的客家人口跟其他方言群體混居，在後者的其中 28 個縣，由廣東人構成了全部或一部分的非客家人口（Lo: 53-54）。

II

前述的歷史描述對於客家聚落位於其他方言使用者當中的發展程度，提供了一種指標，包括從時間與空間來看。目前所取得的資料，也讓我們得以檢視在廣東及鄰近的廣西部分地區的廣東話使用者當中，這種聚落能夠維持下去的途徑。

請注意客家人一開始從這些地區離開，可能以個人或群體方式為之，而且不同的遷移群體可能有著不同方式所構成的分子。生於梅縣的報導人告訴我，從客家人區域遷往廣東其他地區的人們，似乎經常是自力離開。他們也可能跟家人一起走，所謂的家人範圍可能延伸到不同程度。「商業夥伴」或「朋友」可能彼此陪伴，而且這些離鄉群體也許包括遠親、姻親及血親。但究竟這些群體是否全都定居同一地點值得存疑，這是由於與遷徙有關的人群散播，可能會因受限的聚落發展可能性，而被帶往更遠的地方。

新到客家移民所能取得使用的土地數量與類型，可能會受幾項因素所影響：其中最重要的因素是廣東的土地租佃體系，除了政府的干預以外，所有的土地，無論是耕地、未耕地或「荒」地，都已成為個人或法人產業的一部分。當新界依然是由「新」（由英國人新近取得）的時候，英國人記載（Report, 1900: 17）：

> 全部的山丘及荒地都由最鄰近村落或最強勢宗族所主張取得，或者甚至在遙遠之處。就連海洋及海床、海岸、沙灘的某些部分，以及任何能加以運用並獲益的土地，都被主張取得了。……

依據陳瀚笙（Chen, 1936: 28）的研究，在珠江三角洲區域，成形中的土地也被在地化宗族所取得：

> 河川水流與海洋潮汐日復一日發揮作用，不斷帶來堆積物質，形成鬆軟但非常肥沃的土地；而且藉由保護及種植某種草皮，它們可在三年之內變成可耕地。富裕的宗族藉由繳付賦稅，爭相取得這類新

土地，以便主張他們的所有權。受到侵蝕的山丘只能種植青草，可能由血緣或地緣群體所控制。

楊慶堃（Yang, 1959: 67）指出，在靠近廣州的一座多姓村南清的貧窮鄉民「無法到鄰近村落的地界範圍內砍草」。在粵北的客家人區域，在地化宗族可能已取得所有的可耕草地。依據帕頓（W. Bernard Paton）所說（n.d: 67）：

針對砍草的工作跟鄰近宗族發生爭執是司空見慣的。有時人們指控砍草者跨越了正當的邊界。

那麼，因著廣東人聚落的歷史發展順序，來到這個新地方的客家人，可能會發現所有的土地都被佔有。但擁有土地的權利並不必然能從中獲得農業財富。客家人進入了廣東人所掌握的區域，受到一項事實影響而加快腳步，就是有許多廣東人所擁有的土地並未種植作物。但人們能夠取得租用的土地較貧瘠，較難取得灌溉用水。客家聚落的發展模式部分取決於更有價值土地的位置，因為這些土地可能已由廣東人所耕作。

在丘陵區域，具高度生產力的平原低地當然是散布在更貧瘠山坡地當中，因此剛開始建立的客家聚落可能散布在廣東人的村落之間。這似乎成為 19 世紀在廣東及鄰近廣西地區的廣大區域的情況。在新界，客家聚落的形成過程描述如下（Oehler, 1931: 15）：

他們起初定居在狹窄的山谷，並從山谷開始往上建立自己的稻田，那裏只看得到一條小溪流。

在 19 世紀晚期的一位旅行家報導在「廣東中部的山丘地帶」的類似情況（Henry, 1886: 273），他說道：

走過這趟旅程的全部區域，我發現本地人，或是廣東土著，佔據了大多數的平原及平坦的可耕地，但客家人擁有的土地是較高且不易到達的山谷。

　　此後不久，邁爾斯（Meyners d'Estray, 1890: 31）指出廣州府的其中 6
個客家人聚落，依然以本地人的人口較多：

> 在這裡本地人……依然是地主。他們大多居住在肥沃的河谷，並迫
> 使客家人……滿足於待在山區……，那裡的土地較貧瘠；在那裡，
> 這群移民的人數較少，通常都會支付地租給當地最早的居民。

　　這個情況普遍發生在其他客家人較晚到達，而居住在廣東人之中的區
域。有一位當地觀察者曾說過，在 18 世紀早期的廣西客家人聚落，「在（廣
西）有許多山谷及廢棄土地。客家人被雇用到當地種植土地。」（引述自
Laai, 1950: 94）

　　客家聚落所能取得的極其有限土地，並不利於在某個地方立即聚集大
量人群。有關於客家人一開始現身於廣東人所擁有土地的敘述顯示，這些
新進移民在最初定居時可能是規模很小的群體甚至是個人。邁爾斯將客
家人的遷徙描寫成「以無數的細小支隊前進，他們散布在廣東各地」。他
補充說，客家人「以小家庭形態」悄悄滑進了本地人當中（1890: 31）。稍
後他提到，客家人「一個接一個的家庭，或同時有數個家庭」進入廣東人
區域（1890: 32）。廣東客家人「生活在散村或家屋」的事實，促使奧勒爾
（Oehler, 1922: 352）斷言「基於這項理由，他們……並不像其他社群一樣是
宗族性的」。

　　在廣西，佃農地位及散居聚落模式明顯具有關連性。賴（Laai, 1950:
96）引述《潯州府志》的記載：

> 擁有大片土地的富人十分樂意讓（客家人）來耕作土地，以換取他們
> 支付的田租。（客家人的）家屋就建在遠離鄰居的田地當中。

　　前述的「富人」想必是私有財產擁有者，而且不是大型法人團體的代表
人；但有更明確證據顯示，客家人可能定居在屬於個別及集體地主的土地
上。沃維爾（Vömel, 1914: 598）談到客家人表示，雖然他們在廣東的非客
家人地區，顯現了朝著流動商販和專業工匠發展的傾向，而且就這項能力
而言，並未成為「在異鄉區域」維持長久居住的規則，然而，

在另一方面，在許多地方，他們都處在與本地人的租佃關係當中，他們已定居在本地人的領域，因此，即使說他們已長期耕作這塊田地，透過小額租佃的支付，依然表現出依賴關係。或者說這種依賴關係將透過本地人持續向政府支付土地賦稅來維持，即使田地屬於客家人，本地人依然從客家人那裡收取（必須上繳的）總額。

在新界也出現了永佃權，其中地主具有繳付賦稅的責任，當地的記錄顯示（Report, 1900: 8）：

有許多爭端發生在各宗族的個別地主及佃農之間，關於究竟應將田租繳給地主或官府。這些爭端源自於佃農對於交給地主的田租及交給官府的賦稅感到混淆。

英國人將這項租佃與賦稅之間的混淆，歸因於永佃權，這是某些農民對其耕作土地所擁有的權利。我們可能想要知道，客家人新移民究竟如何在廣東人所擁有的土地上，取得這個優惠的地位。我們這裡正在討論的租佃體系，類似於或等同於陳瀚笙（Chen, 1936: 52）在粵北所發現的「土地聯合所有權」。

在那裡，地主……往往只擁有所謂的糧田，意指使用這塊土地必須支付賦稅或納糧；而且這個繳納賦稅的責任是為了合法化收租。佃農往往擁有質田，意指土地本身，或是地表。

陳瀚笙補充說，有兩套理論試圖解釋聯合所有權的起源。其中一套理論說原先的鄉民地主將自己置於強大家庭的保護下，以減輕賦稅。鄉民送給他們施恩者的「禮物」最終發展成定額租佃，當時是透過地主具有土地田底的永久權利而固定下來。另一套理論是「對於田面永久使用權的主張，源自於長期的永久租佃關係」。那些想要主張對「可耕作但尚未開墾的官有土地」擁有所有權的人們，會將這些土地租予佃農（Chen, 1936: 52-53）：

大部分的開發和最初種植成本必須由佃農承擔；因此，租地契約就成為慣例，在此約束下，地主不能轉租他人。

在這兩個理論當中，顯然後者會適用於客家聚落的情況。對法人擁有的土地，現在有更多直接證據顯示，晚近來到的客家人刺激了閒置土地的活化，為此他們獲得了永久租佃的保證。對香港新界的研究報告（1900：16）指出，

> 值得注意的是，將那些僻壤變成可耕地的人就是客家人……這是由於客家人的勤奮……也是基於一項事實，最理想且最易利用的土地早在客家人定居之前，就已由本地人所取得。客家人已經……重新取得從海岸上來的大片土地，而且讓許多先前荒蕪的山坡，生長出優良的農產品。

同一份資料來源（1900：19）描述得十分清楚，在一開始耕作法人所主張的土地與永佃權之間的關係：

> 當土地首次被種植時，耕作者……第一次向那些將這些土地納入保護範圍的宗族或村落提出申請。普遍來說，這項跟宗族或村落的關係安排，致使他們制定一份永久的租佃契約，說明土地現況與以穀物或當地貨幣計價的租佃金額，必須由耕作者支付。

報告也提到（Report, 1900：20）：

> 這些宗族已經……取得大片土地，但他們從未佔有這些土地，但他們將這些土地永久租給其他使之變成可耕地的人們。

我在前面所呈現的證據，足以重建在廣東與廣西部分由廣東人佔據的地區，客家聚落的最早發展階段。一開始客家聚落受到一種有限類型土地的取得能力所限制，接下來就表現在各相鄰區域之間有差異的人口密度，這在昔日曾影響了客家人的遷徙。客語使用者來到當地，可能會致使自己及廣東人地主產生一種同時對雙方有益的關係。事實上，如果我們將「方言群」這個名詞賦予社會學上的意義，可將這個階段廣東人—客家人關係描述為「共生」。但我找不到證據來合理化將這些客語使用者稱為一個方言「群」。

廣東人從既有地權所衍生的財富總值。客家人佃農的居住地點穿插廣東話使用者之間，其中有些人是其地主。我們已看到，有些地主可能是村落或以親屬為基礎的宗族團體。在此一階段，這兩個語言社群具有不同的聚落模式；這反映在廣東人村落所具有嚴格的語言排他性，客家聚落不會出現在已發展完成的村落之處。品頓（Piton, 1870: 219）指出，

> 在客家人跟本地人混居的地方，他們被視為入侵者，且經常無法參與當地神明的祭祀，因此必須祭祀自己祖先以尋求自我滿足，想要建立一座合乎禮儀的祠堂……。

在這裡缺少這類祠堂的情況，反映著其佃農地位以及缺乏富裕之人來後續贊助興建這種建築（引述自 Freedman, 1958: 47）。但客家人未能參與以地緣基礎的制度性神明祭祀，顯示他們被具體排斥在廣東人聚落之外（引述自 Freedman, 1958: 81）。

III

雖然剛開始建立的客家聚落，對於這兩種方言使用者皆為有利，但有證據顯示在 18 世紀早期，擁有土地的個人或法人群體在賦予吸引客家耕作者來到此地所需要的永佃權之前，可能展現了某種程度的猶豫。何炳棣（Ho, 1959: 219）告訴我們，

> 有幾位有良心的省級官員一再上奏……除非官府能保證土地權利的安穩持有，否則無望吸引粵東的過剩人口，前來開發能在該省中部與西部取得的大量豐沛肥沃土地。

這些省級官員的關注來自地主一方的矛盾態度，這意指地主可能意識到永久定居的客家聚落所導致的最終結果，或許會和眼前所看到的景象大大不同。在任何一個區域，漸增的客家移民再加上整體的人口增長，很快就把到那時為止的「共生」廣東人—客家人關係，置入一個非常不同的架構之中。客家群體的人口數量增加，接下來會努力擴大並保有他們當時所耕作的無需繳交租佃的土地。

這個可從語言來界定的群體在單方面所做的這類活動，導致了客語使用者與廣東話使用者這兩個群體的形成，集合了群體成員，將共同的方言視為共同利益的符號，這關連到安穩保有農耕土地的地權。再者，關於動員人群以防衛或強化這類土地資產的關係，將可依據共同或不同方言的基礎而被限定。賴（Laai, 1950: 94-95）重述這種情況在廣西發展的重點：

> 一開始本地人地主對於允許客家人開墾土地以收取租佃回報，感到相當滿意。逐漸地有更多土地由客家人佃農所耕作，並有更多本地人地主將他們的土地視為投資，從中獲取租佃收益。在這個本地人主導的區域，這個過程具有更堅定鞏固客家人基礎的效果，這是由於……客家人必須團結一致，以便查出本地人地主的剝削。再者，客家人口滲透到這個本地人區域，在客家佃農與本地佃農之間創造出經常存在的競爭態勢。後者就如同客家人一樣，也想要取得更多種植土地。在本地佃農這一方的仇恨心態逐漸高漲；而且這兩群人之間發生爭鬥，例如 1851 年在陽春縣。在這些情況下，客家人更加緊密結合，面臨不僅來自本地人地主更是來自本地人鄉民的對抗。方言的差異……甚至讓這兩群人更加彼此仇視。

假使土客械鬥確實是沿著方言界線而發生，接下來假使敵對雙方的其中一方或雙方構成了一個具有經濟階層化的人群，各種受到不平均分配但攸關防禦的資源，將以某種方式提供給這種方言的全體使用者所取得。除非確實發生了這種狀況，否則我們將很難確認在共同方言與共同經濟利益之間的對等關係。這確實曾發生在廣西的爭鬥當中，我們從賴（Laai, 1950: 96）的報導認識到，本地人地主很快就招募一群專業的武師，有時稱為「團練」，或地方武力。只要是械鬥涉及了租佃及永佃的土地，廣東人地主就會採取各項行動，以支持自己及廣東人佃農的利益。品頓（Piton, 1874: 224）也提及在廣東的相同現象，他說在那裡「爆發任何地方械鬥時，客家人防衛自己的田地」，然而本地人經常「出錢請傭兵幫他們打仗」。

由於客家人採取了散村聚落模式，因此他們難以組建大型的地方群體，他們在廣西跟廣東人所發生的衝突，致使他們有必要動員來自廣大區域的個人。《欽州府志》（Laai, 1950: 96），提到客家人如何生活在「建於田地中央遠離鄰居的家屋」時，補充說道：「他們之間的關係」

> 卻是……非常緊密。一旦出現敵人或是對（非客家人）的爭鬥，往往是一呼百應，他們在肩上扛著長矛，背上揹著鐵鎚，而且他們戰鬥非常兇猛，視死如歸。

廣東人—客家人「共生」關係的這項暴力結束，導致了客家人土地所有權的擴張，很快接下來就是建立客家村落。基於良善的理由，客家聚落的散村分布模式並不會合乎一般用來描述廣東的人口分布模式。看來，大多數從事農業的廣東人偏好居住在集村。這些村落所在位置的重要價值，使得村落的存在比血緣群體更持久，村落可能在任何時刻由數個血緣群體所構成。我在此暫時偏離這篇論文的主題，來發展這個論點。

學者普遍認定大多數中國鄉村人口，包括東南在內，定居在各自獨立的村落（Freedman, 1958: 1, 8; Hsiao, 1960: 14, 560）。這顯然是目前新界的情況，當地「農村聚落的普遍模式是集村」（Tregear, 1958: 53）。然而，就人口成分的角度來說，某個特定村落跟一個或更多血緣群體之間，並未產生恆久不變的關連模式。誠然，在某個村落可能依然有創建者的後代居住於此。這是王興瑞在廣東村落曾短暫調查的案例。一個單姓村，這個村落在南宋年間由該宗族祖先所創立（1935: 43）。另一個例子是名為「蒲蘆圍」的村落，在乾隆年間（1736-1795）由「秦」姓宗族的一支所創立（Chinese and Japanese Repository, 1865: 283）。然而，秦姓宗族在宋朝時最早定居地點是鄰近村落荷坳，[6] 而且在同一份資料來源，我們被告知說，

> 在當時荷坳住著孔姓和梁姓兩個宗族，但當我們（秦姓宗族）的人數增加時，他們就消失了。這些宗族建立了永福廟，這是荷坳村內及附近唯一的公共建築。

6　譯註：位於今日廣東省深圳市龍崗區。

　　而且，其他村落在不同時間都由不同宗族所居住。在 20 世紀初，粵北的「鳳凰村」就主要由同一姓氏所組成。當這群人的祖先最初在明末，大約在 16世紀末遷進這個村落時，當地已有其他宗族的成員所佔據。這些宗族設法繼續停留在這個村落，最晚直到乾隆時代為止（Kulp, 1925: 68-69, 292）。

　　在靠近廣州的南清村莊，「似乎曾發生幾個宗族在生態區位上的前後繼承關係」，而且「老村民曾說過在遙遠的過去，曾住過花姓及方姓宗族」（Yang, 1959: 12）。

　　我們可能也注意到，各個宗族佔據一地的模式隨著時間而演變，在宗族與村落之間欠缺了恆久不變的關係。當陳瀚笙（Chen, 1936: 37）首先提出在廣東「通常一個村落是由單一宗族所定居」，他所提出的更具體例證顯示，在村落構成上有著極大的變異性，他報導在潮安「整個區域將近有半數村落，由同一姓氏宗族的人們所居住」，而且在惠陽「有超過一半的村落……是這樣居住的」。雖然這看起來像是單一宗族的村落（單姓村）「顯然十分常見」（Freedman, 1958: 3），我們稍後將會看到，內部的人口遷徙確實造成了廣東多姓村的出現。

　　對於廣東農村的描述，顯示其所在位址大多受到中國東南的農業生產模式所決定，或至少受其影響。

　　農耕地品質主要取決於水稻耕作所需的水源取得，而且在土地的海拔高度和產值之間存在著強大的負相關，在超過一定海拔高度之後，就會發生穩定的收益遞減，使得人們不會再將土地用於水稻生產（Yang, 1958: 24-25）。我們會預期更具生產力的土地將保留為農耕，而且村落應當座落在能步行到達這些土地的範圍內；在較低海拔地區，村落可能必須座落在山丘一側，介於農耕地與未開墾土地之間。例如新界山區地帶的案例（Tregear, 1958: 84），當地的客家聚落「鍾屋村」為例。鍾屋村的位置「在村落後方是一座低矮覆蓋著樹林的山丘，前方是一處池塘及梯田，向下延伸直到河床為止」（Pratt, 1960: 148）。歐德里指出，在廣東的客家村落「毫無例外的建在一座山丘的山崖邊，或者無論如何背後會有一小叢樹林」（1867: 33）。

　　在平坦稻作平原，農村位置可能也取決於某些地理環境。再一次，新界的「位於平坦稻作平原的村落，幾乎毫無例外地選址在略為高突的土地上，並且聳立如同在他們田地當中的島嶼」（Tregear, 1958: 53）。關於防洪及保留最具生產力土地供作農業用途的考量，想必也納入這樣的安排中。

　　顯然，這種村落模式並不呼應於客家村落在一開始所需要的，住在靠近留給他們的貧瘠且分散的剩餘土地旁邊的散村類型。然而，村落定居是對中國東南的農業和環境需求的最佳適應，而且客家人很快就開始自己結群成為新村落，並取代舊有的村落型態。

　　我們在下文隨即要討論的這個類型可能是個例外，無論是藉由和平或暴力的過程所形成的村落，勢必會涉及地權的重新調整，這將沿著方言界線衍生出許多敵意。在某些情況以和平方式建立客家村落，可能需要透過國家對地方事務的干預。國家干預的效應普遍出現在 1660 年開始頒布的一連串的遷界令，要求廣東、福建、浙江、江蘇和山東的整個沿海地區居民往內陸遷徙（羅香林，1950：27）。在這些省分當中，福建與廣東受到最嚴重的打擊（謝國禎，1930：812）。《赤溪縣志》提到，在廣東沿海大約有 80% 到 90% 的人口在被迫遷入內陸期間死亡（《赤溪縣志》，1920：8/2a）。在 1684 年政府發布復界令（羅香林，1950：27）的那個時候，「各縣被遷內徙之民，能回鄉居者，已不得一二」（在被驅趕入內陸的各個縣份人民，大概不超過二人能夠回到各自原本的村落）。廣東官員隨後奏請引進外來移民定居沿海地區，來到那裡的人們當中，有許多是來自廣東北部以及福建和江西鄰近地區的客家人，縣志撰述者提到，其中有許多客家人定居在「四邑」及其附近地區，包括台山、鶴山、高明、開平、恩平、陽春與陽江等縣，在那裡「多與土著雜居」（有許多人跟當地人混居）（《赤溪縣志》，1920：8/3a）。當客家人到達沿海區域時，「凡膏腴地域，已先為土著占據」（廣東人已先取得當地平坦與最肥沃的土地），這是由於廣東人居住在靠近這些在遷界時被清空的區域，而且能夠最早進入（《赤溪縣志》，1920：8/4b）。這是發生在廣東沿海大部分地區的情況，至少向北延伸到海豐、陸

豐。在那裡，看起來似乎直到晚近的 1920 與 1930 年代，客家人主要依然是廣東人所擁有土地上的佃農（Wales, 1952: 199; 參見 Eto, 1961: 163-64）。

但無論是佃農或私有土地的耕作者，客家人所能取得的海岸土地，並不利於由新近抵達的親屬群體定居在單一地點。這可由以下對於客家人宗族分支進入香山縣海岸地區的描述，而得到清楚證明。

在香山地區的沾涌村落，有陳姓宗族的其中一部。這個宗族的始祖是陳景雲，第九世陳秀譚從祖籍地嘉應州興寧縣（北部客家人地區）移往廣東中部的增城。他育有 4 子，長子陳應略。然後「應略子分六大房」。在 1732 年，頭三大房[7] 遷到沾涌，他們在那裡「又分居」（再度分開並住在）神灣、古宥、沙崗仔、定鈎環，這些地方全都在同一個縣。在 1737 年，劉姓宗族的創建者也從興寧遷到神灣，在縣志撰寫之時，他的子孫住在那裡。此外，神灣和沾涌是由毛元鳳的後代所定居的 4 個聚落的其中 2 個（其他 2 個聚落是馬溪、田心），毛元鳳在 1725 年來到香山，先前從五華遷來（羅香林，1933：119，引述自《香山縣志》）。

因此我們發現，在沾涌具有最少基本數目的陳姓與毛姓宗族，在神灣則有陳姓、劉姓與毛姓宗族，而且陳姓與毛姓也都散布在其他村落。似乎可以說，這個區域所提供的有限的聚落發展可能性，對於來到此地的客家人而言，他們能取得的村落位址無法完全吸納其擴展血緣群體。為了確定能取得最好的土地，血親不得不散布跨越幾個村落，而這導致多姓村社區的形成。

一個更晚近來自新界的敘述，包括另一個多姓客家村落的形成。英格拉姆（Ingrams, 1952: 162）描述名為江泰全（音譯 Kong Tai Kuen）的客家人如何抵達「龍躍頭」，這個區域包括幾個村落，全都由屬於鄧姓宗族的廣東人所居住。

7　房是家庭、宗族或其他血緣單位的分支。

江泰全租了一個房子，成為一個「佃農」。他建議兩位親戚也來到這裡，但他們只待在那裡三年，然後回到江家的祖村……而江泰全放棄了農耕……並遷到範嶺。

但是，江泰全也建議另一位客家人陳樂春（Chan Lok Chom），他是一位轉教者，「巴色差會的牧師」。陳樂春在 1897 年抵達（Ingrams, 1952: 163，以及如下所引述）並「打算定居下來成為農民，他」在這些鄧姓村落的其中一個「租了一間家屋」：

> 但在 1898 年他決定，他的本地人農場工人需索過多，而且他的鄰居太難相處，所以……他下定決心重返宣教工作，並把他的土地租給親戚，陳橋（Chan Kiu）和他的父親。

陳橋在 1900 年來到這裡，而且「其他的林家基督教客家人，同時也進到這裡……來從事農作」。他們其中有兩人，

> 建了一排八幢家屋，給自己和陳家使用，成為一個客家村落的核心。鄧家從未喜歡這些入侵的客家人，而且其中一人曾經說這些家屋將會干擾風水……

但此事被地區行政長官所擺平，而且「這座創立於 1902 年的村落」：

> 變得愈來愈大……現在該村落大約有 20 幢家屋或連排房屋，今天的村落……包括了多重的家庭集合。這裡有崔姓、林姓、龐姓、陳姓與鍾姓……以及鄧姓——大約有 10 個沒有血緣關連的家庭，這方面他們跟本地人鄧家之間存在著差異，他們無一人為基督徒。並非所有的村民都進了教會或務農，雖然很少有家庭未從其中一方所代表。

基督教對這個村落的重大影響，可能在於它發揮作用，吸引某些非血親來參與同一個村落的經營。但所有村民的公約數就是方言，而不是宗教。兩個例子都指出「宗族成分本身所具有的片段性與異質性」，這構成了遷移到南洋某些地方的漢人社群的性質（Freedman, 1957: 24），由廣東客家人本身所複製，並且在建立部落的過程中加劇。

這是關於在新界被記錄的這起「風水」事件的某些結果，這個區域和平與社會秩序是由一個強大的國家機器所執行。我懷疑假使這項爭端的發生地點是在廣東或廣西某些的國家權威脆弱的地方，人們所訴諸的途徑可能必定是以暴力手段建立聚落。顯而易見的是，雖然客家人在發展村落時同時會採取和平與戰爭的策略，但是在村落層次隨之而來的壓力，增強了鄉間嚴密的語言二分。奧勒爾（Oehler, 1922: 35）採用非常確鑿的話語，解析了某些村落的居住者由廣東人轉變成客家人的過程：

> 這是令人印象深刻的景象，老舊的本地人村落，環繞著磁磚砌成的牆面及樓房，泰半位於廢墟當中，旁邊圍繞著壕溝，而且全都圍繞著一排又一排的客家人白色家屋，大部分的土地陷入他們之手。就在客家人家屋出現在本地人村落圍牆之內不久，本地人就完全消失了。

這項由奧勒爾所完成描述的人口方面轉變，獲得英國人在 19 世紀末期新界所做的調查所證實。調查者（Papers, 1900: 189）報導說客家村落：

> 僅僅由自己人所居住，就如同本地人村落只由廣東人所居住，雖然有一些村落具有這兩個種族。

事實上，用簡單的算數就會顯現出混居的村落非常少，在新界的 423 個村落當中，161 個說廣東話，而 255 個由客家人所居住（Papers, 1900: 188-89），所餘僅有 7 個聚落是廣東人與客家人比鄰而居。Fuson 在 1926 年寫道（1929: 12），在靠近新界邊境地方的一個村落，在 30 年前僅由廣東人所居住，他說：「如今只有客家人住在那個村落」。

就算在已經形成客家村落的那些地方，廣東人村落往往較大且較富裕。應當記得的是客家聚落在一開始的狀態，事實上廣東人村落所擁有的土地資產，大到足以讓他們擁有閒置土地。此外，客家人耕作的更貧瘠土地並不足以維持像廣東人集村那麼多的人口。在新界的 225 個客家村落共有 36,070 位居民，平均每個村落 141.4 人；161 個廣東人村落的總人口是 64,140 人，或每個村落平均 398.3 人（Papers, 1900: 189）。美國傳教士何必烈（Hubrig）指出（1879: 102）「由於客家人普遍比本地人貧窮」，

他們的家屋與村落建築或配置並不完善，因此人們甚至可以在很遠的地方就能分辨出客家村落與本地村落。

他補充說「本地人村落是封閉的，由牆壁與壕溝所圍繞，然而客家人村落大多數是開放的」（1879: 103）。廣東人的土地財產足以支持的村落規模比客家人更大，而且他們可採取堡壘形式來資本化。事實上在村落層次，客家人可能絕大多數依然是耕作廣東人土地的佃農。蕭公權（Hsiao, 1960: 431）描述 1852 年在恩平爆發衝突的景象是一連串的械鬥，

> 發生在許多村落，「所有耕作本地人土地的佃農，藉由武力拒絕支付租金……」。在某些案例，客家人佃農屠殺本地人地主並放火焚燒他們的家屋。

因此客家村落的形成過程當中，可能不會減低他們在跟廣東人發生戰鬥時，發生大規模移動的需求。《中日叢報》（*The Chinese and Japanese Repository*, 1865: 283，及以下的引文）描述一場客家人—廣東人的衝突，其中有許多客家村落，包括了數量不明的宗族，投入一場漫長且大多得勝的戰鬥中，以犧牲廣東人秦姓宗族為代價，擴張了客家人的土地持有。在現今的惠陽，秦姓宗族曾是荷坳鎮的唯一居民，而且在 18 世紀前半葉更在蒲蘆圍建立起來，

> 早在 1737 年……蒲蘆圍由一道 20 英尺高的城牆所圍繞，上面有 16 座胸牆，這讓它具有古代城堡的氣氛。這道城牆的長度約有半英里長，而且圍繞著一條深達 10 到 20 英尺深的壕溝，有 50 到 60 英尺寬。

這段描述文字的其他部分顯示，秦姓宗族的土地財產範圍延伸到這兩座村落之外甚遠之處：

> 在歷經多次命運的轉變後，荷坳在 1843 年捲入跟客家人的爭鬥，客家人幾乎毀滅了整個秦姓宗族。目前大約在荷坳西南邊三英里的地方有一座墟市，由荷坳人所建立。對客家人來說這座墟市是租來之

地，他們在那一年拒絕支付賦稅，而且⋯⋯訴求要拿起武器抗爭。
雙方戰鬥長達 6 年，當時另一座也是屬於荷坳的墟市，引發一場跟
幾個更強大宗族的衝突。

在 1850 年有 90 多個村落團結起來，想要殲滅秦姓宗族。蒲蘆圍
由於背信棄義而陷落，那裡的人們被剝去身上所穿的最後一件衣
服；但是，儘管有 5,000 餘人包圍了荷坳，裡面只有 300 至 500 名
戰士，客家人卻沒有勇氣攻進這個村落，反而是在沒有取得任何戰
利品的情況下撤退。雙方到最後都感到筋疲力竭，而達成了和平協
議，將 2 座墟市的其中一座交給秦姓宗族，另一個交給政府，並承
諾支付未來的租金。

1856 年戰爭再度爆發，而且假使沒有這些路線的作者，規勸各方再
次達成協議的話，就可能會再犯下恐怖的謀殺。

有趣的是上述事件提到在武裝衝突過程中，可做出有秩序的財產轉移
安排，當成是勝利或戰敗的結果。這一點在新界也是一樣，因為在那裡，
人們報導說（Report, 1900: 23）：

在九龍的某些土地是登記在掠奪取得的名義之下，當地曾有幾個宗
族發生戰鬥，戰敗的宗族放棄一塊田地，做為停止敵意的代價。

顯然就算在最動盪的時代，依然有必要保有某些土地財產，以進行農
業生產。

在相互競爭的村落層次的戰鬥，當然可能會有一個以上廣東人村落或
宗族牽涉其中。邁爾斯（Meyners d'Estray, 1890: 99-100）提出一個歸納：

由單一部落（客家人或廣東人）所居住的幾個社群往往形成同盟關
係，來對抗入侵者或對抗原先的住民，其目標是驅散或殲滅敵對陣
營，並為其利益佔取財產。

這樣一種「結盟」的具體例子來自《恩平縣志》，由蕭公權（Hsiao, 1960：343）所引述：

咸豐年間（1851-1861）客人作亂……於是聯合十里[8]內各姓，組織一團體，……名為五福堡。即釀資，在沙湖墟築室數楹，……遇事召集面商。

我們應該注意到，最後面所引述的恩平及荷坳的衝突似乎涉及由一定範圍內的地方團體所參與，他們以共同方言為基礎而團結起來，至少在對立雙方的其中一方。在荷坳，加入對抗秦姓宗族的村落數目持續增加，而且對於終止敵對狀態所做的議約，顯示雙方都存在著結構性的領導權，這可做出決策而影響了戰鬥參與者。想要讓這些決策發揮作用，就必須運用於地域上相互結合的單位，而且在恩平，關於這些單位所分屬的各個方位及單位之間的連結關係，都有清楚描述。

在另一個例子，當地的同一種方言使用者皆為同一個群體的成員，可由語言以外的許多背景來界定，出現在《赤溪縣志》。這本縣志講述，到了1855 年客家人與廣東人之間的戰鬥已蔓延到陽江廳（現在是陽江縣），這裡位於海岸而且是主要衝突區域的南側。在這裡的客家人數目相對稀少。在1855 及 1856 年間，生活在該縣五堡區域的客家人大多數向北逃跑，到新寧縣的某些客家人區域（那琴、那扶）。但卻有個例外，而且是個有啟發性的例外。有人告訴我們，「林姓各客村富有貲財不欲遷避」（林姓宗族的各個客家村落非常富裕且不願意逃跑）。因而他們同意跟廣東人分割田地，而且這兩群人（林姓與廣東人）「聯呈廳署立案」（聯合要求這個廳的官員來記錄這項協議），因此「得免於禍聞」（在那時得以免除一場災禍）（《赤溪縣志》，1920：8/8b）

當時在陽江，大批客家人逃跑及林姓宗族的獨立，導致這場衝突立刻就縮小到局部地區。不再有一群只能由方言來界定的人們跟廣東人混居，

8　里是個距離單位，約等於一公里。

而且其中這群人可能包括個人或群體，其土地資產在不同程度上容易遭受廣東人的攻擊。相對的，有一個整合成功的客家宗族，其中顯然包含幾位足以代表這個群體的人士，並做出必要的讓步來保全至少一部分宗族土地資產。這指出我們稍後必須處理的問題；因為我們將看到在這個區域客家人與廣東人繼續交錯居住，並不存在單純的方言群體與地域化群體的一致性，也因此沒有簡潔可用的途徑，能藉以遏止或協商那些沿著方言界線的結盟所產生的衝突。

IV

我在先前呈現的材料，似乎顯示在廣東及鄰近的廣西地區，村落的建立是嚴格沿著方言界線。人們可能也會推論說，姻親連結網絡也大多限定在說自己方言的人群。但我確實不知道有任何關於中國東南的研究曾關注這項議題，而且任何陳述勢必停留在猜測。然而有些證據指出，在不同方言群之間確實發生「通婚」的地方，中國東南社會組織的某些特性確實會減損方言分布的影響。位於粵北的「鳳凰村」，居住著一群說潮州方言的福佬人宗族群體。客家人用來稱呼這種方言的人們的英文寫法是 Hoklo，雖然葛學浦（Kulp, 1925: 79）寫成 Holo。他描述鳳凰村的情況如下：「在鳳凰村周圍的七個縣的人們說客家話。這個村子所在的縣是唯一無人說客家話的地方。」那麼我們可以推測，鳳凰村宗族所在的整個縣都娶進說潮州方言的妻子。令人驚訝的是「跟客家女子的通婚，在把新嫁娘帶進這個村落時，她們都面臨需要學習新語言的情況」（1925: 79）。

現在葛學浦尚未讓我們有個大致輪廓，關於在欠缺來自其他宗族的潮州女子的情況下，而「跟客家女孩通婚」的需求究竟有多大。他所告訴我們的東西的重要性在於，即使說其中一種方言使用者的人數可能少於另一種方言的使用者，並與他們通婚，這些在地化的父系世系群所要求的從夫居居住法則，往往形成一股維持方言差異的力量。

　　一群男性血親可以維持群居並對於新嫁妻子一方強化了方言的一致性。在林月華對於福建北部的黃家村的描述，這項事實以一種更強烈的方式發展出來（Lin, 1948: 60）。她告訴我們，

> 很久以前，這個黃姓村的始祖由閩南地區遷出，沿閩江而上定居於此……。當他到達當地之時，不幸地這個村落四周的土地都已由先來居民所佔據。但他藉由辛勤勞動，在該村取得立足之地。

　　這個村落人口有 99% 屬於黃姓宗族，只有該村的旅社是由外人所經營（Lin, 1948: 60）：

> 如今黃姓村民，全都屬於同一個祖先的後代，全都緊密結合在一起，這種結盟抵禦外侮的關係非常強烈，致使他們的村落被稱為「蠻人村」。再者，這個宗族依然保有一種特殊的閩南方言口音，這是其鄰近村落所無法理解的。當黃姓村民確實需要跟外面的人溝通時，他們使用這一整個區域所使用的方言：古田話……。直到目前為止，這位始祖的子孫們，就其心理及語言而論，確實是一個宗族。

　　雖然值得存疑的是這個例子所涉及的方言並不是客家話，儘管如此，這顯然有一種外來方言，就算是所有女子皆為婚入的情況下依然保存下來，外人從一開始就不通曉這種語言。林月華表示，有一個理由可以解釋這種方言的持續，在這個孤立存在的宗族當中，必定確實存在著由宗族凝聚力及方言分化所施展的相互增強作用。但我稍後會討論以親屬為基礎的凝聚力，有可能延伸到說著同一種方言的非親屬同人。基於我們的目的，林月華的這段描述的最重要面向在於，它呈現了由中國東南宗族組織來提供「方言保存」的可能性。

V

　　我們前面看到，在廣東及鄰近的廣西部分地區，同一個村落的親戚或居民可能會基於防禦及抵抗的目的，而跟說著同一種方言的「外人」團結在

一起。尚未完成地域化而成為村落居民的客家人可能也會藉此團結起來。顯然在客家人—廣東人混居的區域，這些將各種地域化群體分隔開來的界線，就依據共同方言的大規模動員來區辨的結構一致性，可能被認定為不恰當。我們應當檢視這一種社會學模型，它將一項事實納入考慮：在中國東南發生的衝突，並非全都是沿著以親屬為基底或村落的界線而發生。

傅利曼（1958: 124）曾說過在中國東南，

似乎曾出現兩種衝突結盟方式，彼此並不相容。在某些衝突當中，宗族對抗宗族；在另一種脈絡，各個宗族或是宗族之中的某種階級，基於他們共同對國家的敵對態度而團結起來。

我在前面已嘗試呈現，在第一種結盟關係之中的重要成員資格，在某些例子「村落」可以替代為「宗族」，這可能出現在客家人—廣東人混居區域，涉及以方言為基礎的結盟關係，「對於國家的共同敵意」可能意指跨越親屬界線的祕密會社成員，而且假使：

在高度階級分化的宗族之中，有這類成員，我們可以懷疑他們對於自己社群當中的中央政府代表，也會表達出平民所會表現的反對。

假使我們接受中國東南及其他地方人們沿著階級界線，而產生了階級的分裂，我們必須補充說有證據顯示，方言差異可能讓這條共同陣線有資格來對抗國家。我完全從士丹頓[9]（Stanton, 1900: 28）那裡衍生出證據，他提到香港的三合會時指出，

在某些會所，主要成員是本地人，而且一整群都是最目無法紀者……。在萬安與福義興會所是福佬人，而且這些人如同福佬人及說著其他方言的會所，主要結合用來互相協助解決疾病及悲苦，並平息爭端。某些客家人結合起來以從事非法行動，像是海盜、強盜勒

9　譯註：士丹頓在1895年擔任香港警務處專職調查香港會黨的探長，於1900年以英文出版《三合會，又名天地會》一書。參考黃宇和，《孫中山：從鴉片戰爭到辛亥革命》（臺北：聯經，2016），頁439。

索，但他們大多遵行從社團創建當時傳承至今的戒律，並保持這個
目標。

在惠州的一場三合會起事，當地客家人跟廣東人混居，據士丹頓
（1900: 23）的描述：

> 1886 年有一場由近 3,000 名會黨分子所發動的騷亂……在廣東省惠
> 州府的稔山鎮。這主要發生在客家人當中，是由政府官員的壓制行
> 動所導致，有幾位官員在第一波暴動中喪生。這次暴動有 400 人來
> 自香港，主要是會黨分子，聚集在九龍，他們由兩位首領所率領，
> 配備刀劍跟左輪手槍……他們的目標就是增援稔山的這支武力。

這些「會黨分子」有可能都是客家人。在都市核心區域的職業專門化有
很大程度是沿著方言界線來劃分，而且就許多描述來看，我選擇來自黎力
基（Lechler, 1878: 359）的說法，他直截了當告訴我們「在香港島上，所有
的會黨分子都是客家人」。

那麼，我們看到，方言群的結盟可能表現在以非親屬關係為基礎的群
體，這種社會實體也普遍建立在中國各地。但我並不清楚，這一類群體的
成員性質是否完全滿足一個較大規模客家人群的組織需求，這個客家人群
可能有著社會階級分化。

人們可以從我到目前為止已呈現的資料做出推論，無論在什麼地方，
客家人群都會包含幾位仕紳階層的個人，他們可能會在面臨極大威脅時，
跟平民團結在一起。這在蕭公權（Hsiao, 1960: 425）對於發生在恩平的械鬥
已有報導，而且《赤溪縣志》對於 19 世紀中葉遍及廣東中部的土客械鬥的
描述，仕紳人物顯得重要，方志作者主張「土紳」（本地仕紳）導致了 1856
年在新寧的土客械鬥蔓延，他們捏造錯誤的報導，表示客家人將於該年 6
月發動一場攻擊（《赤溪縣志》，1920：8/9a），接下來據聞「客紳」（客家仕
紳）在新寧縣區域組織了一支武力對抗預期要發生的本地人攻擊：生員陳
志光；監生莊培俊、李照龍、陳宏泰、鍾宏恩（《赤溪縣志》，1920：8/13b）
在同一份資料來源，人們抗議由廣東人的志書作者所書寫的《新寧縣志》，

毫無例外地對新寧縣的土客械鬥提供了扭曲描述（《赤溪縣志》，1920：
8/10a-10b），

> 對於「客民」（客家人）概稱為「客匪」（客家盜匪）。「客紳」（客家
> 仕紳）稱為「逆首」（反叛首領）或曰「賊首」（強盜首領）……

但是，

> 但本編（《赤溪縣志》）所紀論悉持平，對於「土眾紳民」悉稱為「土
> 人」（土著）或「土紳」（本地仕紳）。

關於祕密會社可以補充說明的是，就算是置身於在不同的「會所」，
同一個會社而說著不同方言的會員，必定是經過了相同的入會儀式（參見
Freedman, 1958: 123），而且在許多方面覺得彼此因著共同義務與目標而團
結在一起。以方言為基礎所建立的會所或許有可能預防緊張關係，否則在
其他情況，某個組織會對政府及其代表者採取敵對態度，而不是針對鄉民
人群當中的分立但相對等的各個部門，會發生這種緊張。

回到我先前提出的問題，假使依據共同方言為基礎所做的身分認定，
確實在土客械鬥期間，涵蓋了更多的親緣與地緣效忠關係，那麼除了外來
源頭所強加的和平之外，可以預期的是，不同方言群體之間的衝突，可能
會在說著不同方言的群體交錯居住的廣大區域，變得無法控制。這確實發
生在 19 世紀的廣東與廣西，檢視這些事件，我們將可看到那裡所具有的結
構問題，以某種方式或其他方式獲得解決。

大約在 19 世紀中葉，似乎有兩個區域的土客械鬥特別蔓延開來且猛
烈。有一處圍繞在廣西南部的鬱江流域，從永順（今南寧市）延伸到貴縣
（今貴港市）直到貴平。爭鬥最激烈的地方在貴縣，大約在 1848 年，當地
的一位官員報告說，土客械鬥持續發生長達 5 年之久（Laai, 1950: 175）。
到了 1850 年，土客械鬥蔓延到廣西東南邊並進入鄰近的廣東西部（Laai,
1950: 179）。Henry（1888: 144）提及這場械鬥，他觀察到「有柵欄圍起的

村落、堡壘，以及山裡面的路障（靠近合浦，位於廣東西部[10]）讓人見識到他們（客家人）在昔日的抗爭……」。這些在廣西發生的騷亂，到最後演變成具有超越了區域的重要性，就是在這個地方，當時流離失所的客家人開始服膺於洪秀全與馮雲山提倡的教條（Boardman, 1952: 14）。但我們這時候必須把注意力擺在廣東這邊。

另一個發生土客械鬥的區域在廣東中部，而且即使說這裡的衝突並沒有全國性的重大影響，但它成為廣東境內許多損害的原因。到了 1851 年，械鬥已在恩平、開平與新寧（台山）等地蔓延，到達廣州的西南部，也到了位於廣州東北邊的增城（羅香林，1933：3）。有一位客家「報導人」告訴奧勒爾（Oehler-Heimerdinger），在他的那個區域，紛亂早在 1851 年就已開始，那時他的村落被廣東人所燒毀。

盜匪也活躍在鄉間，而且其中有一些關連到紅頭叛亂。歐德里（Eitel, 1873: 162-63）補充提到一篇由梅輝立（W. F. Mayers）所提的報告，他說有個人具有英國領事館「值勤人員」的職位。依據梅輝立所說，正如歐德里所寫的，當客家人協助官府壓制「紅頭叛亂」時，廣東人對客家人的敵意達到高峰。

> 多年以來宗族械鬥經常發生在客家人與本地人這兩個群體之間，但相互仇視在 1854 年之後達到高潮，在那一年客家人宗族所在位置大多屬於最忠心於官府的地方，當時叛亂大多由本地人所參與，直到被總督葉名琛所鎮壓為止。在那時，客家人與本地人宗族在西南區域交錯居住，尤其是新寧、新會、恩平、開平、高明與鶴山。在壓制紅頭叛變之後，這兩個種族之間的惡劣感覺，塑造了一種相互殘殺的戰爭型態，其中政府當局無力干預。

10　譯註：合浦縣原由廣東省管轄，1952 年起改隸廣西省（1965 年起為廣西壯族自治區）。

羅香林（1933：3）補充說陽春縣也涉入其中。他指出客家人主動協助壓制叛亂，並且在這麼做的時候（在這裡他引述兩廣總督瑞麟及廣東巡撫郭嵩燾的《會奏查辦土客案疏》），「其蓄意已深」。當客家人殺害幾位「土紳」之後衝突變得普遍，此後土客械鬥「如野火燎原」。到 1860 年，梅輝立說道（Eitel, 1873: 163），戰鬥非常激烈，以至於有「來自香港載運武器的船隻以及甚至派遣武裝輪船的船隊，來協助這兩個好鬥群體的其中一方或另一方」。客家人逐漸被趕出日益擴大的西環，而且形成許多「遊匪」。到 1862 年底，這些強盜攻擊與佔領台山縣沿海城鎮廣海鎮，「直到被官府及本地人宗族聯手趕出這個區域為止」。在 1864 年間，這些流離失所的客家人殘餘分子「變成半盜匪、半難民」聚集在西環山區，

> 在各個不同地點……例如〔那扶、青岐，五行與赤水〕，他們建立了小型的共和體制，其中他們開墾田地，興建住所，並盡其所能抵禦本地人的進逼。

1866 年政府採取數個步驟來終結械鬥及重新安置客家人，在翌年兩廣總督下令台山（新寧）縣要讓出一部分完全歸給客家人定居。官府下令在這個準備要建立赤溪廳的地方的廣東人，必須要放棄其土地歸給客家人，廣東人則獲得在內陸清空的客家農地做為交換（羅香林，1933：62）。關於這場械鬥所導致的傷亡人數有各種不同的估計，羅香林說雙方死傷散亡的人數至少有 50 萬（1933：3）。就我們的目標而言，安全的說法是許多人喪生，而且這些戰鬥事實上延伸到極大範圍。

在廣西與廣東的戰鬥，在邏輯上順著客家聚落的條件。關於這一點的討論涉及前面討論過的若干論點的重述。在中國，親屬是最明顯的建構社會關係的力量，並將人們結合成為群體，很少需要去詳述他們的關係。此時我們所關注的是較大規模以親屬為基底的群體，也就是父系宗族。我們見到客家人可能處在一個局面，他們由於較晚抵達當地而且生活空間的緊迫，他們根本就不可能形成在地化宗族。在他們聚落形成的某個時間點，甚至不具有村落組織，因此他們農業土地資產的防禦或擴張，並不必然關

連到嚴格界定的在地化群體。在某些地方，客家人已定居更長一段時間，或在當地能取得更多土地，可以發展出宗族與村落。當然，這兩種結群都是社會實體，而且在中國東南有個極佳機會，讓它們得以普遍合而為一。普遍來說，我們可以期望有關鄰近群體之間的衝突調解的各項決定，能夠透過受大眾認定的管道而產生，而且一旦達成一項解決方案，就會影響到許多人，他們全都成為在一個可清楚辨認的社會結構之中的各個單位。但客家聚落處在這樣的環境下，以至於限制了那些身陷在各種結構關係當中的個人，進行防禦與抵抗的行為，這些行為在一個具有敵意的廣東話環境當中，非常不利於適應。事實上，就這項議題涉及一種雙方面的敵我區分的情況下，也不可能發生。假使在一個廣大區域，客家人可能擴張其土地權利，那麼廣東人可能會認為他們全都是共同敵人。在廣東的械鬥期間，有一句常見的廣東話口號是「仇客分聲」（仇恨客家人及有差別的方言）（羅香林，1933：3，116; Oehler-Heimerdinger, n.d: 64）。

雖然這些仇視的態度與行動，並不需要改變這個表達這些態度與行動的群體所具有的結構，在某些環境下，往往會關連到結構關係的這項行為，可能漏失其定義的清晰性。因此，以共同方言為基礎所建立的結盟關係，可能會衍生出不斷擴張、一直彼此仇視的群體。而且這正是在廣西與廣東所發生的事情。有一位報導人告訴我，生活在惠陽縣，客家人與廣東人混居的縣份，當地客家人有個俗語：「認聲、不知姓」〔只知道某個人所說的方言，不知道他的姓氏（這個人到底姓什麼）〕。

目前，雖然我不認為奧勒爾（Oehler-Heimerdinger, n.d: 61-126）對於廣東省的土客械鬥的敘述是個適合用來分析的資料，但是它確實解析了客家人與廣東人的人群及村落的普遍毀壞。這甚至導致核心家庭的支離破碎，確實有一段時間為廣泛區域帶來了混亂。就是處在這樣的環境下，共同方言或不同分言就會成為僅剩的唯一標準，人們藉此界定對另一個人的行為。然而，從梅輝立的描述，我們可以猜測這場騷亂確實自己消解了，至少在客家人群體當中發展出可以識別的群體。而且《赤溪縣志》的資訊，關於梅輝立所說的「共和國」事實上是什麼樣子，給了我們極佳的概念。方志

作者除了提及這些地方是許多客家人逃難的庇護所之外，確實並未提供關於梅輝立所提及的特定地點的資料。然而，其他的聚落也成了庇護所，則是受到更詳細的描述。

我們已經提到，客家仕紳參與了這場與廣東人的衝突。客家仕紳在自己宗族與村落享有聲望與權力，這衍生自他們參與了一個不屬特定地方、範圍遍及全國的上層階級，其地位就是指揮來自許多村落與宗族的客家人，以進行軍事行動。他們具有一個經營管理責任的傳統，在有關建立堡壘防禦基地，讓來自廣大區域的客家人可以尋得保護的工作上，發揮著關鍵角色。仕紳可將聚集於此地的人力組建成軍事單位，在這些情況下，先前已地方化的血緣宗族群體，被迫聚集在一些範圍有限且具戰略地位的地點，而被吸納進入更大的防禦單位，其唯一的共同特色就是方言。例如，方志作者告訴我們，在 1856 年 6 月，廣東人在新寧（台山）的赤溪區域殺害一位客家人。械鬥就蔓延開來，居住在沖蔞、四九、五十等地近郊洞穴的客家人村落遭到攻擊。客家人擔憂會發生進一步的攻擊行動，在沖蔞村落的兩位客家仕紳貢生楊梓釗與監生楊元鳳唯恐「客民散居勢渙難與禦」（客家人分散居住，他們的處境可能非常嚴峻，以至於很難自我防禦）。然後他們發出一個呼籲，而且有 16 個在地化宗族，先前分布在 8 個聚落當中，搬遷來到沖蔞，包括：獅山的黃、吳、朱姓；大小麻的楊、李、鄒姓；黃水坑的葉、楊、魏與鄒姓；銅鼓李姓；石角張姓；橫龍唐姓、楊姓；上逕林姓；磅礡江姓等。客家人聚集在沖蔞然後「分東南營，安置居住，籌策預防」（區分為東營及南營，安置他們的住屋，並籌劃預防的對策）（《赤溪縣志》，1920：8/15b）。稍後，在後續發生數起廣東人攻擊事件後，這個軍事布署正式建立了一個官署「設萬興局」，由前面提到的兩位士紳及江天元所主持。其任務是「徵集丁勇、籌備捍衛一切事務」（動員身強體健的男子，並準備防禦事宜）（《赤溪縣志》，1920：8/16a）。

另一個客家人防禦點建立在西環的海岸區域，當地有超過 400 個客家村，其中方志列舉了 26 個姓氏：3 個是單姓村住著鄭、傅與葉姓宗族；此外有 6 個雙姓村，其中住著林、謝、湯、黃、陳、曾、龍、鄧姓宗族或宗

族集合體。在深井墟（鄭姓宗族），追隨的客家人士紳「設局」：武舉鍾大鏞；生員鄭鎔、黃騰芳、傅騰輝；武生余濟高。當時他們「調壯丁與禦」（調派強壯的男丁協助防禦）（《赤溪縣志》，1920：8/12a）。

我們還可從方志中看到許多「設局」的例子，而且這包括廣東人及客家人在內。事實上，方志的其中一頁就提到廣東人在 7 個地方「設局」（《赤溪縣志》，1920：8/9A）。然而，在我先前提出的這兩個例子，就足以呈現原有的群體組織方式欠缺處理沿著方言界線所產生衝突的能力，新的群體可能會興起。當然，我並不清楚究竟「設局」是否為廣東中部客家人得以聚集作戰的唯一途徑。儘管如此，顯然我們目前所討論的這個防守進攻現象，必定會在某一個點上，涉及了「正式」或「非正式」的組織。即使是臨時安排的，畢竟就是一種安排。

沿著方言界線所產生的這項區隔，涉及了某些絲毫不會混淆的東西，也在賴（Laai, 1950）有關廣西土客械鬥期間客家人拜上帝會的形成過程的研究作品所產生。我指出在那裡所發生的戰鬥，有可能從 1840 年代初期就已持續進行，並蔓延到鄰近廣東的部分地區。1844 年洪秀全與馮雲山在鄰近廣州的故鄉花縣宣揚其政治理念卻極不成功之後，他們來到廣西貴縣賜谷村，洪秀全的一位王姓「表親」住在那裡，他們著手進行宣傳一套破除偶像崇拜、一神論的教義，帶有濃厚的基督教與反清的意味。同年洪秀全回到廣東，一直到 1847 年他才與在廣西的馮雲山重聚。那時馮雲山已成功吸引超過 3,000 名轉教者加入當時的「拜上帝會」（Boardman, 1952: 12-14）。在這篇論文，我所關注的並不是分析在廣西一開始所發生的轉教，或拜上帝會轉型成為革命軍隊的各種導因。事實依然是所招募的成員被轉移到該會，這提供一個組織架構，讓一大群客家人在捲入跟廣東人的衝突時，可依據共同方言的基礎，而讓自己依附於更大的群體。

賴（Laai, 1950: 184）指出有幾項因素導致在廣西的騷亂：

在這個區域接連發生旱災，對於高海拔地區的土地發生最嚴重影響；這裡正是客家人墾殖的土地。在客家人向本地人租來耕作的這些土

地上，乾旱結果造成生產力減少，因此客家人佃農收入減少而無力
支付田租。

在同一時期（1846-1850年），廣西流域的盜匪活動大幅增加（1950:
107），而且到了1848年「鬱江及洵江為盜匪所控制……根本就孤立了……
這兩條江以南的廣西省轄境」（1950: 143-44）。與此有關，由貴縣附近大型
銀礦開採殆盡所導致的失業，就是出現了許多各據一地的盜匪（1950: 103-
04）。然而，這些盜匪僅僅是鄉村對中央集權統治衰退所做出的反應的其中
一個成分。在廣西的較大規模村落及城鎮組成了由仕紳所領導的團練或地
方武力（1950: 185）。祕密會社也在這個區域顯得重要（1950: 178）。

就在這場騷亂的當頭，當地的鄉間依然存在著在不同方言群體之間的
基本對立，土客械鬥開始增加（1950: 172）。多數的大型村落由廣東人所
居住，他們有能力依據獨立自主的地方基礎，來組織及資助團練（1950:
185）。客家人居住較為四散，不可能組成這樣的組織。但在1840年代晚期
有一種組織似乎設計出來，來呼應客家人的需求。即使這種組織有基地，
但就成員資格範圍而言，它並未地方化。事實上，它的各個分支是團結在
一個共同的意識形態，明顯地將它們跟其他群體區分開來。但是拜上帝會
是由2位客家人講道者引入廣西，也因其語言排他性而出名。

到了1850年，拜上帝會擁有龐大的會員陣容，組成許多單位，至少散
布在廣西省東南及廣東省西部的15個縣，約占廣西省境的五分之一，廣東
省境的六分之一（1950: 184）。拜上帝會的成員非常異質，除了「地主和低
層的知識階級成員，例如辦事員和科舉考試的錄取者（秀才）」之外，也包
含許多專業階層的代表（1950: 167）。雖然沒有「高級官員」或「高級知識階
層」加入該會，但頗不尋常的是其領導層包含「富裕人士」（1950: 168）。賴
從這個會的成員多樣性看到有許多人的「利益碰撞」，然而他認為，「將他
們融合在一起的巨大推動力是方言，也就是客家方言，這是由加入拜上帝
會的這些群體所使用」（1950: 171）。

當然，就是在這個土客械鬥的脈絡當中，這個具有多樣面貌成員的組織得以興起。傳教士韓山明（Theodore Hamberg）提到土客械鬥的一個例子，洪仁玕是洪秀全的親戚及早期轉教者。韓山明（Hamberg, 1854: 48-49）在提到「廣西有許多客家村落，雖然普遍不像本地人村落那麼龐大且富裕」之後，他提到：

> 敵意如何長期存在於兩個階級（客家人與本地人）之間，而且任何一個新事件只會增添這股仇恨。在當時，有一位非常富裕的溫姓客家人納了一名女子為妾，先前她已被許配給一名本地人男子，而且對方同意支付大量金錢給她的父母來訂親，他斷然拒絕放棄這名女子給這位主張婚約權利的本地人……此後不久，在貴縣區域的本地人與客家人之間展開內戰，其中有許多村落漸漸捲入其中。這場戰鬥始於 1850 年的農曆八月廿八日（西曆九月），在最初幾天客家人擁有優勢……然而，漸漸地本地人勢力壯大起來……當他們人數夠多時，他們打敗了客家人並燒掉客家人的房子，因此在這場災難當中，那些頓失棲身之所的人們會在拜上帝會當中找尋庇護所，當時拜上帝會信徒分散在幾個區域，有幾個集會所，人數從一百到三百人不等。人們願意服膺於任何型態的崇拜，以逃脫敵人的攻擊並收到所需的生活補給，這是他們在當時所欠缺的。

雖然拜上帝會所具有的獨特意識形態，使其能在一片廣大區域維持下來，但它確實是透過了提供讓客家人得以自我結盟的架構，而得到大批的成員。然而在 1850 年 10 月，拜上帝會奉命動員並轉變成反清革命軍。有許多非客家人參與了當時的太平天國叛亂（Laai, 1950: 197），其後續發展已超出本文的範圍。

結論

我試圖呈現的是，透過特定的遷移及聚落發展過程，方言差異對於廣東與廣西的社會群體結盟及成型具有重要的影響力。我所做的嘗試是唯一

最有資格用來發展「方言群」的概念。這是由於，假使我們採用此一概念來指稱某種方言的所有使用者，這顯然欠缺社會學上的效度。然而，假使我們把方言視為一個社會文化變項，就如同「親屬」或「領域」一樣，我認為它將會呈現廣大範圍的社會關係，其中方言區隔將會產生影響，這讓它成為主要的塑造群體的力量。這個變項以具有社會學意義的方式呈現出來，我認為，這取決於許多前置因素，有利於許多種類的群體形成。人口過剩和逐漸衰弱的帝國控制，必定是 19 世紀中國的這類因素（Hsiao, 1960: 503），而且在整個華南地區逐漸增加的農村自治體制，導致了許多各種地域化群體的建立，而且對所有這些群體而言，防禦是個基本問題（Michael, 1949）。土客械鬥是整個更大局面的其中一部分，如果這兩個省分僅僅由廣東人或客家人所佔據，我並不認為能夠呈現在廣東和廣西並未發生失序，儘管採取不同的形式。方言差異的重要性並非普遍存在的，而且在某些城市環境中，事實上存在著一種傾向，客家話往往退讓而使廣東話較為顯著（Forrest, 1951: 674），但社會活動的許多具體形式，確實直接關連到方言差異，而且有關這個區域的社會組織陳述，如果不將這一點納入考慮，就不會完整。

在本文所做的分析僅限於中國的一塊有地理範圍限制的區域。在這裡也可簡短討論其對整體中國社會的意義。我們可以提出在中國的各個不同區域，在不同時間，不同的語言群體的共處，顯然會導向主要敵對的互動模式（參見 Hsiao, 1960: 421-23），這或許類似存在於客家人和廣東人之間的模式。但這種互動及所衍生的群體究竟是否具有充足的發生頻率，來做為考慮成為在東南地區以外的中國社會的一項重要主題的根據，據我所知，這是個尚未解答的問題。然而，我們可從另一個角度來處理此事，並注意到基於許多可能參照點的其中一點所形成的群體及人際關係，在中國社會及其配置扮演著重要角色。弗里德（Fried, 1962: 20）談到這一點：「有某種東西可以稱為同人主義（tungism）……而且這可翻譯為『團結』」。同人主義（1962: 25）：

適用將人們拉在一起，因著他們說著同一種華語次語言、來自同一省分、來自同一個縣、來自同一個鎮、或從同一所中學或大學畢業，或者是某一特定類別的年分（如生肖）或任何一個年分。

因此，同人主義的連結關係可能跨越了親屬、階級及居住地。這個概念廣泛到足以容納來自不同歷史過程所產生的群體，並依據各種功能需求。事實上，這類群體的存在對於中國社會的複雜性有所貢獻，在本文中我試圖指出某些發展過程，導致客家人及廣東人依據方言基礎而分別組成的群體，就對於中國社會的更普遍分析而言，這些群體可被視為同人主義的範例。

建構客家認同與客家族群身分，以 1963-2008 在臺灣美濃所見為例

Configuring Hakka Identity and Ethnicity, As Seen in Meinong, Taiwan, 1963-2008 *

郭揚義譯

在歷史模式、現代化、社會變遷與全球化之下仔細思考客家族群身分，以及與高雄縣美濃鎮大崎下村及美濃鎮本身有關的資料，在我的討論中至關重要。近來在村子裡及範圍較大的鎮上發展，與影響整個臺灣的發展一樣，共同顯現出社會變遷及現代化兩者與族群身分認同之間的矛盾關係。一方面說來，晚近這些轉變，似乎總是與歷史及文化上彼此相異的區域之間，在不同方面及程度上的一些趨同發展有關。在臺灣，過去幾十年來，幾乎毫無疑問地，客家這個歷史上分隔的人群共享了影響全島的社會模式及媒體推波助瀾之大眾文化。然而，隨著這個趨同發展的增加，因差異產生的緊張也隨之增加，尤其是那些俯拾即是的差異。語言就是一個明顯的例子。在許多公共場合中的廣播，例如在火車或飛機上，如今慣常地以至少四種語言的形式出現——北京話（國語）、福建話、客家話及英語——毫無疑問，對絕大多數聽到這些的臺灣乘客來說，他們真正在意的不是資訊溝通的效率。對一些人來說，這比較像是滿足了族群獲得認可的渴望，對其他人來說，他們則可以因為臺灣的政客努力訴諸選舉中的族群敏感性，而善用這些多語廣播。

即使面臨大規模文化與社會變遷，例如在宗教、家庭生活等等方面，語言仍然可以持續是族群身分認同的標識。因此，例如已故的羅香林教授雖然是個虔誠的基督徒，但是他仍然為建構客家族群認同提供了知識及學術上的基礎，尤其是他 1933 年的經典著作《客家研究導論》。對羅教授來

---

* 譯稿所使用的原文收錄於：莊英章、簡美玲編，《客家的形成與變遷（下）》（新竹：國立交通大學，2011），頁 419-442。

說，宗教不是客家認同的組成要素，也不是定義客家人的基本要素。1963年我去香港拜訪羅教授，他帶我去香港新界的一個基督教客家村，幾年後郭思嘉（Nicole Constable）教授為這個村寫了一本書（Constable, 1994）。我們跟他的幾個同事同車，而他們彼此之間用廣東話聊天時，我聽到羅教授用不太有耐心的口吻說出「講客話！！」他用客語說出「講客話」，指出了族群身分內涵中缺少語言和其他文化標識這一有趣問題。

沒有文化標識，族群身分認同能夠延續嗎？或者說一個一旦形成的族群身分認同，是否會用可取得的文化特色，或發明新的文化特色來加強該認同以成為文化真實？就語言上來說，藉由中國大陸福建西部或閩西客語區的例子，這兩個問題都可以得到肯定的答案。在這個地區，「客家」認同，及宣稱自己與中國其他地方及國際上說客語的人，有共同的族群身分，是一件愈來愈普遍的事。然而，閩西有一群說客語的少數人，卻被多數人認為不屬於客家族群，甚至不屬於漢人。我指的就是大家都知道的畬人。畬人住在較富裕、地理位置較佳的漢人客家村莊相鄰的外圍社區，他們偏好在族群內通婚，並保有畬人姓氏，例如藍、雷、鍾。直到今日，他們成為其他人的卑賤勞工，且受到客家漢人鄰居的輕視，被認為是落後且野蠻的。在明清時代或更早，許多畬人的確同化成為主流漢人社會的一部分，藍鼎元就是一個知名且有趣的相關例子，他是清朝學者官員，提倡殖民臺灣，並於18世紀早期清朝平定朱一貴反抗軍時身在臺灣。藍鼎元出生於福建漳浦縣，在家說的很可能不是客語，而是有當地口音的南方福建話。總之，或許就是因為藍鼎元相當明顯的族群身分背景，使得他在那個時代就對族群議題特別敏感。[1] 當他身在臺灣時，他就曾表示他很清楚地瞭解臺灣漢人的主要族群分裂。當他呼籲族群間和諧共處時，他這樣說：「汝等漳泉百姓但知漳泉是親客莊居民又但知客民是親」（你們這些漳州或廣州人

1　藍鼎元的出生地在今天的漳浦縣赤嶺畬族鄉。超過90%的赤嶺畬族鄉民被認為是畬人，而藍是主要的大姓。赤嶺中的藍鼎元、藍理、藍廷珍，都是與征服及平定臺灣有關的清廷高官。參見 http://big5.am765.com/mnradio/mnxy/200804/t20080402_342756.htm(2009/8/20)。

只覺得與漳州或廣州人親近，住在客家村的人也只覺得與客家人親近）。當提到漳州或泉州時，可能意謂著來自不同的地方，或說不同的語言，但是提到客家時，則清楚地聲明一種跨越行政區範圍的族群身分，承認客家區域橫跨廣東、福建及江西 3 個省。藍鼎元與其他在臺灣任職的清廷官員，非常清楚從福建省永定縣、武平縣、上杭縣來臺灣的移居者，會與從廣東省來的客語使用者同胞結盟，這顯示出中國大陸的客家人並非整齊地分布在行政區域裡。[2]

　　藍鼎元深知客家人是一個非由家鄉省份定義的族群類別，他的敏銳度值得注意，因為清領時期，官方文件中客語使用者更常被稱為廣東人，也就是粵人或粵民，而他們的拓居地則被稱為「廣東村」粵庄。這些用語，也被客家人自己用在書面文件裡，例如在六堆（南臺灣的 6 個義勇軍社群）中。大多數住在臺灣的客家人的確認為他們在中國大陸的直系祖先來自廣東省境內，少部分人則認為直系祖先來自福建省，但是我猜想，真正的問題在於不同的認同結構系統。以縣（漳州、泉州）劃分的認同，或以省（廣東、福建）劃分的認同，是透過中國整個行政架構中的地點做為依據，是一種精準地奠基於漢人農業中國範圍內的中國漢人認同。身為來自於「中國本土」某個地方的中國漢人，確實意謂著他有文化的特質或遵行著該地域的習俗，但是在中國帝國土地管理架構中，這種地方色彩並不必然構成或意謂著族群身分。中國官僚制度吸納地方文化變異並藉此做為標示政治地圖的方式。一種一般性的中國漢人並不存在。因為要成為漢人，一定要來自於中國的某個地方，這使得文化地方色彩，不但不是族群身分的區分依據，反而有著相反的效果，那就是藉由某個地域的特殊特徵，確認了一個更高層級的認同，那就是中國漢人。換句話說，如果從山東來的人被認為有他們自己的習俗與特徵，這樣的特質使得他們成為來自山東的中國漢人，而不是來自安徽的中國漢人。他們的文化特質立即將他們置於漢人中國的地圖上，或者也許可以說，他們在中國行政地圖上的地點，預定了這些特質將確認他們是漢人。

2　案例參見《臺灣文獻叢刊》140: 370。

　　將不同地域視為身分認同的方法，還是將我們現在所稱的族群作為身分認同的方法，兩者之間存在著緊張關係。在清代臺灣，從漳州或泉州來，或福建人（Fujianese）──閩人（Minren）、福老（Fulao, Holo）、福建（Hokkien）──的文化包袱與語言特徵，正是因為在遠離漳州或泉州的早期移民社會脈絡中，才被轉化為族群身分的標識。在臺灣，一個人若來自漳州或泉州，或範圍更大的福建省，可能確實會確認他是中國漢人的身分，但是這些認同有更大的社會互動特性；人們不只是以這些認同做為動員的基礎，而是這些動員還說明了這些人與其他具有中國大陸地域之語言及文化的人群有所關聯。因此，當原鄉來自中國大陸的漢人與臺灣本地住民互動時，漢這個詞因此開始發生作用。清代統治中國且自稱不是漢人的滿洲人，強調傳統農業中國──中國本土──的居民，大部分是漢人，儘管他們在習俗或語言上各區域有所不同。在臺灣也如同在中國大陸，滿漢區分是官方任命與工作指派模式的關鍵，持續保有這種滿州認同至其朝代末期的帝國政府，在許多其他方面也強調這種穩固的政策。[3] 這個行政上強加的族群分類，可以與行政定義下的空間單位裡非族群化地方文化做對照。在臺灣，族群身分指的是，來自中國大陸的地方色彩，被轉化為團體認同的文化標識。這樣的轉化也可能發生在中國大陸本身，如同在上海的蘇北人或北江蘇人。來自於說北京話（國語）的江蘇省北部，在上海的蘇北人基於語言及假定的文化特質，很快地成為與上海人不同且可識別的社會類別，這使得由行政區定義的身分認同讓位給以族群區別的身分認同（Honig, 1992）。

　　早在清人佔領臺灣之前，中國都市社會中可預料其行政系統與縣級以下的在地空間組織，已相互聯繫提供了一種以地方為基礎的認同階序，例如在城市中商人可能會組織他們的會館──如今我們稱之為同鄉會──或以共同場所為基礎的區域協會，從村到範圍大一些的鄉村社區，以及不同層級的行政階序，可以是縣、府、省，或更高層級，例如與行政系統相關的廣東與廣西省，即「兩廣」（He, 1966）。商人與其他客居都市環境中的

3　清時期政府強加的漢滿族群身分區別的證據仍然可以在臺灣找到，例如臺南衙門殘留的石刻上以漢文及滿文寫著：文武官員軍民人等至此下馬。

人可能在空間／行政階層各層級組織起來，但是這並不能特別證明這些組織就是族群身分的表現。從今天的臺灣舉例，高雄、臺北和其他主要城市都有美濃同鄉會。這些同鄉會幾乎不會被認為是美濃族群身分的表現，不過我稍後會討論，美濃或其他地方色彩可能如何對更廣泛的客家身分認同造成影響。然而，如同之前所提及的，在臺灣以區域為基礎的認同，是有可能逐漸轉變為族群身分認同。所以在臺灣，漳州及泉州人可以視自己為更高一層級的閩南人，或更一般的閩人。[4] 但是對客家人來說，行政系統無法提供客家人做為自我識別的架構，因此迫使他們以自身的特色，最明顯的就是語言，做為自我定義的基礎。從客語的次方言或地方腔調層級來看，行政單位的確提供了現成的認同方法。在臺灣，口語客語的主要變異為眾所周知的四縣、海陸和饒平。四縣是長樂、興寧、蕉嶺（舊名鎮平）與平遠。它們構成了清朝時期的嘉應州，在今日的廣東省境內；今天的梅縣則是州廳所在地，而且與上述區域之間沒有不同的行政區認同。海陸和饒平也在廣東省境內，海陸指的是兩個相鄰的海豐縣與陸豐縣，饒平指的就是饒平縣。這種以縣級或州級行政單位做為語言群認同依據，說明了客語使用者與其他中國漢人一樣，樂於在國家強加的行政網格中定位自己。然而，因為客語區橫跨廣東、江西、福建三個省份，否定了客語使用者在最高層級的行政單位（省）之認同，所以客家人被迫落入與許多中國帝國晚期非漢人族群相似的情形：被別人以語言、宗教、社會習俗、服飾等文化特質辨認出來，這其實延續了或完全地證實了刻板印象。

所以，在較廣大的中國漢人脈絡裡，國家層級上並沒有什麼行政單位創造出客家認同。至此，加上之前已經提到的事實，即非由行政階序認同所加強的文化區別常常與非漢人有關，我們還要把 20 世紀初因為某些有影

4　一張在 1985 年（譯按：應該是作者把 1895 年誤植為 1985 年）由六堆領袖邱阿六（邱鳳揚）於六堆客家義軍與日本人交戰戰敗後，繪製給日本人的南臺灣客家 6 個聚落（六堆）地圖，是其中的一個例子。這張地圖以客家村名指出各個客家聚落，但是鄰近的聚落則以福建村莊（閩庄），或原住民部落（番社）為名標示出來，這可以說明中國大陸行政單位被用來確認在臺灣的族群團體。這張地圖在以下的網站 http://163.29.208.5/lists/files/ivan/link/cd6.html（下載日期：2009 年 8 月 20 日）。

響力的人發言宣稱客家人本身並不是漢人所引起的動亂納入考量。這個來自客家人的反應，既激烈且影響深遠，但毫無疑問地，客家族群認同與行政單位之間的缺乏對應，使得他們更容易對自己是否身為中國漢人產生質疑（Constable, 1996; Erbaugh, 1996）。因此，有趣但不令人感到意外地，在20世紀前半有一些關於改善客家人缺乏行政區家鄉的討論。我在1962年的客家語私人教師來自福建省永定縣，但是他在廣東省大埔縣生活了許多年，而且在第二次世界大戰期間於重慶政府任職。他敘述關於他與他在重慶的客家同事如何滿腔熱情地討論，是否可能把廣東、江西、福建省中的客語區結合起來，成為一個在中國東南方的客家新省份。當然這原本是要等戰爭結束之後才能被完成的，未料當時的歷史轉了一個大彎。

讓我們回到藍鼎元的例子，他很清楚地明白，在臺灣這些來自中國大陸的漳州、泉州、客家文化標識，如今都與遠離行政家鄉後的族群區別有關。他將此視為島上法律及秩序的重大威脅，容我引用他的陳述：「自本鎮道府視之則均是臺灣百姓均是治下子民」（從這個鎮、轄區、或府的觀點來看，你們全部都是臺灣人，受帝國行政管轄的人）。藍鼎元呼籲這些人依據他們的現況重新調整他們的認同，也就是在現存的臺灣行政架構中，讓自己的認同與當時臺灣島是福建省的一個府相呼應。藍鼎元將這種透過接受當地帝國政府當局的認同，視為恢復社會和諧的基礎。藉由注意到臺灣行政階序的主要層級，他明白地指出將行政系統整體當作穩定的力量。他的希望就是在族群動員與衝突的形成過程中，剝除源自中國大陸之社會文化標識的顯著影響。他試圖在臺灣的主要社會政治因素中，根本地移除漢人內部的族群性。這將由在臺灣的共同生活所取代，而臺灣是福建省的一個府，福建省又在更大範圍的天下裡，天下的安寧是由帝國行政機器整體所框架，天下由官僚政治經營管理、並且由宇宙秩序構成要素的皇帝所帶領。來自臺灣意謂著被置於這個總體區域／行政階序的架構中，以及遠低於國家層級。

因為客家人從來沒有可以憑藉形成自身認同的完整土地／行政架構，所以客家認同有個特殊的特徵，那就是這始終是個族群主張。因為你可以

來自福建省的永定縣或上杭縣，或來自廣東省的梅縣或蕉嶺縣，更不用說來自江西省的尋鳥縣，所以成為一個客家人並不會將你置於與行政單位階序中的地點有關的中國文化地圖上。客家人的身分是一種天生的身分認同族群形式，因為這個身分在帝國版圖中的位置並沒有被視為族群認同基礎，客家認同只與共同文化特質與語言的主張有關。

因此，在清領時期的臺灣，我們可以明白為什麼客語使用者被視為只是來自廣東省的人，而非被視為客家族群，至少在文件上是這樣。以南臺灣六堆或六個軍事單位的客家族群為例，他們稱自己為義民或正直的效忠清朝者，曾經保護帝國與皇帝免於朱一貴及其公開的反清復明意圖，也曾抵抗日本，所以當六堆客家族群在文件中大多稱自己是住在廣東村落的廣東人時，不足為奇。

日本殖民佔領臺灣期間，漢人內部差異不僅被新的權力掌控者所承認，甚至還被整合進他們強加於島上的戶籍系統。標準的戶籍表格有一個標記為族種的「族群」欄位，用來記錄族群或國族認同。除了與總人口中少數民族有關的幾個類別之外，多數人都分別被登記為廣（廣東）、福（福建）、內（來自內地的日本人）、生或熟（未被同化及及同化的原住民）。住在臺灣的中國國民起初被列為清（代表清國）、後來改為支（代表支那），最後則為中（代表中國）。這個分類方法未考量被視為中國國民者之原鄉，儘管當中許多人事實上代表了晚期帝國移民到臺灣的最後階段，因為新進移居者與來自中國大陸同一區域的早期移民後代被置於同一族群裡。在臺灣，至少從美濃的角度來看，清領時期的族群分立大部分仍然原封不動，不過這些族群區別在日本統治時期下的社會意義仍待考察。在高雄縣相鄰的美濃與旗山區域中，衝突仍沿著晚期帝國的族群區別界線發生，直到1950 年代或之後，這類衝突至少是以中學學生等之間的敵意呈現出來。

我在此處區別出主動與被動的族群性可能有些幫助。主動族群性指的是一種在瞭解認同的維繫及其豐富內涵是有益的之後，有意識地去培養的族群認同。在當代臺灣，客家人在教育、政治與媒體領域及許多其他社會生活方面的主動族群性均顯高調。被動族群性指的是接受各樣被視為既存

事實或可發生作用的認同標識。在清代，不論在臺灣還是在中國，客家動員及其他形式的社會行動，大多都將族群認同視為既存事實。然而，對客家族群及其他族群來說，被動與主動的認同通常是一起運作的，雖然將它們彼此區分有益於分析。被動認同可能由所屬族群團體或由他人施加於自己身上。在衝突中，將客家人視為朋友、非客家人視為敵人，與客家人的自我頌揚，這兩者是非常不同的認同。在 18、19 世紀時，有 3 個地區發生了客家人與其他在地社群的重大衝突：臺灣南部的客家人組織了 6 個義勇軍社群，或效忠清朝的六堆義勇軍，與非客家族群對手交戰；在廣東南部的客家人與粵語使用者發生所謂的客土械鬥；以及在廣西的類似衝突，並於太平天國起義時到達高峰。在臺灣的客家人是效忠清朝者，在廣東，客家人與他們的廣東本地人對敵都向清朝官員求助，然而在廣西，推翻清朝則是當地客家人與客家領導的太平軍明確的目標。對那些參與或涉及這些事件的人（客家人、他們的對敵、或旁觀者）而言，客家族群的概念相當不同。對置身事外的其他人來說也是如此。許多學者以太平天國政治運動為起點，聚焦視客家人為邊緣團體，並認為他們因此比較容易受基進信仰與革命創新的理想所吸引。但是從南臺灣六堆客家人參與鎮壓反清起義的角度來看，客家人被視為清代的強烈支持者。通過科舉制度的客家人在六堆領導階層中扮演積極參與的角色，而六堆義民也收到帝國政府的讚賞與報償。在臺灣北部與南部，客家義民或「正直的人民」因為他們忠心捍衛清代而獲讚賞。在 19 世紀中葉的廣東，客土械鬥起因於土地與其他資產的爭奪，與反清運動較無關涉。事實上客土械鬥雙方都是由通過科舉制度的人所領導，也是由他們向朝廷求助，並指責對方。如果在其中一個脈絡下是客家基進主義，在另一個脈絡下是政治保守主義，在第三個脈絡下是支持清代的一片忠誠，這很難指出客家族群認同與特殊的政治傾向有深層文化連結。客家族群認同的情況，或其他團體的認同情況，值得我們依照近幾十年來臺灣文化與社會的巨大轉變給予特別的考察。既然我們很常提及客家文化或客家社會特色，最明顯的問題就是，是否整體社會的變遷已經意謂著成為客家人的標準也同樣跟著轉變。在探索這個議題的前提之下，我現在想要談談美濃鎮的客家人，以便簡潔地指出一些社會生活的主

要改變，以及這些改變與客家族群身分認同的關連。自從幾十年前我在那裡做過兩次主要的限定期間田野工作之後，我已經回到鎮上短暫拜訪過幾次。最近一次是在 2009 年 12 月。我通常都會到大崎下村，那是我在 1964 到 1965 年間第一次田野調查的地點，也會到鎮區中心的美濃鎮，那是我在 1971 到 1972 年間曾經住過並在那裡進行研究的地方。重訪的主要目的之一，就是為了讓我自己熟悉自從我早期的田野調查之後，此地在家庭組織與其他社會生活方面的持續改變，另一個目的與我逐漸對美濃的歷史人類學感興趣有關連。至於我現在的幾個目的中，我最先想要考察在我第一次田野調查之後大崎下村莊生活的改變。

在我初次於大崎下進行田野調查與我最近的造訪之間，縱使尋常村民在生活中投注持續且巨大的精力，我的初步印象是非凡的經濟與社會改變，這些改變標示出從「第三世界」到絕對稱得上是第一世界的變遷。除了有幾個家庭沒有跟上這些變化而仍然貧窮，以早期的標準來說，這個村子現在十分富裕。在幾個主要的改變中，有一個是農業幾乎全面機械化了，耕作如今仰賴服務供應者，只要藉由安排適當的人在適當的時間來操作機具做所需要完成的工作，不論是犁田、水稻插秧、收割以及其他工作，一對中年夫婦就可以照料大部分的家庭田地了。美濃位於過去臺灣最主要的菸草耕作區之一，如今菸草於在地經濟中的角色已經大大地縮減，因為臺灣在這個世紀初加入了世界貿易組織（WTO），不再有當年政府獨賣菸草且生產定額保證收購的政策後，只剩下一些農夫願意種植。另一個值得注意的發展，是汽車文化的全面出現：在村子裡，機車首見於 1965 年，但是在 20 世紀末之前，幾乎每戶家庭都有至少一輛汽車。這一路的發展過程中，村子不乏現代生活中各樣機械與物質：每個住家裡的電話、室內管線、空調、電腦等等。這些現代生活的設備配件是最近幾十年來許多新建的住屋中的基本規格；有些比較小的新建工程是翻修或傳統三合院的增建，但是大部分的新建工程是更大許多且獨立於三合院的建築結構。道路與街道也已經鋪上柏油，並且與不斷增加的六或八線道公路相連，因此村民得以快速通往鄰近城市，以及發展良好的臺灣全島公路系統。所以在這個農村裡，如同臺灣的多數農村，在地生活的物質面向都發生了幾乎是全面性的轉變。

　　一對夫妻若沒有其他家庭勞動人口，有了這些科技上的改變，耕作稻米甚至菸草就不再有困難了，因為菸草曾經是臺灣最耗費人力的作物。機械化與專業化重新定義了農業生產，同時也發生了大量年輕世代人口外流到城市，多數人為了受薪職位而工作，為數不少的少數人為了自己的事業而工作。村子裡相當大部分的農夫是中年或中年後期的夫妻。連同這樣的人口與經濟發展，在家庭組織中確實發生了非常大的改變。在我第一次的田野調查期間，多數村民都是「聯合家庭」（joint family）的成員，由同代親屬所擴展而成之兩個或兩個以上的已婚夫妻所組成，通常是兄弟及其妻子們，但是這樣共享收入、共用住宅與廚房的情形已不復見。這些已經明顯地被以夫妻為中心的核心家庭所取代，這很大部分造成了年輕已婚夫妻外移。但是即使那些仍住在村子裡的夫妻，他們也大多自己形成獨立的經濟單位，與他們的雙親分離。這些在家庭生活上的巨大改變，要從幾個更大的影響因素來看。首先，在我第一次田野調查期間仍然是主流的媒妁之言，已經幾乎被自由選擇的婚姻所取代，那些過去被視為禁忌的同姓婚姻、與非客家人或「大陸人」的婚姻，如今隨處可見。同時，村子裡的男性愈來愈難娶到任何臺灣女性，導致有愈來愈多與「外籍新娘」結婚的例子，這些新娘來自中國或東南亞。在大崎下以及美濃的其他地方，這些新娘當中有大量是來自東南亞的客語使用者海外華人。在美濃其他地區的已經有男性娶來自中國客家核心地區梅縣的女性為妻，不過至今大崎下仍沒有這樣的例子。與原本不住在當地的新娘結婚，是媒妁之言婚姻唯一餘存的形式，因為同樣都是透過一個中間人，但是這還需要來自美濃的新郎，去他未來新娘的祖國與新娘結婚，然後再與新娘一起回到臺灣。

　　即使是那些娶來自臺灣新娘的婚姻，過去新娘新郎兩個家庭之間的經濟資源轉換模式，也被直接現金付款給新婚夫婦這種模式所取代。由於過去複雜的聯合家庭已不復見，絕大多數的家庭單位都是以夫妻為中心的核心家庭，只有非常少數是折衷家庭；但是折衷家庭已經不再是家庭生活的一個發展階段了，因為核心家庭有獨立的住所已是現在的常態。如今兒子結婚後應該都會搬出去的事實而且有獨立的經濟生活，使得原本的家庭經

濟型態受到調整。儘管有這些改變，從社會安置的角度來看，家或做為經濟體的家仍有其意義。家中成員的身分資格仍然由分家來定義，這使得在所有成員共享經濟體的家之基礎上，進入婚姻的兄弟雖然各自分離，卻仍各自在整體家中佔有一個代表性位置。

在社會領域中與家庭生活轉變有關的其他面向，例如村子裡各個家庭之間於晚餐後的探望訪視，已經被看電視或其他家庭活動所取代了。更概括來說，在整個村子的脈絡中，家庭與家庭之間非正式社交互動已經大大地減少了。同時，人口加速外移到臺灣各城市，連結到中國、東南亞、美國甚至全球各地的社會與經濟網絡也在擴張。傳統像是與祖先崇拜或民間宗教有關的社團組織雖然仍存在，但隱約地已經在日常生活中顯得愈來愈不重要。新的社會取向反應出社會視野已經遠比過去更寬廣；這從村民前往中國大陸祖先村落拜訪、到全球旅遊等例子中可以得到印證。被含括在這個現代化與全球化的脈絡之中的，是世界客屬總會的會員身分，這是一個重要的徵象，說明客家族群身分如何可以跟與日俱增的世界主義聯繫，也與時常被視為與造成族群分化的「特殊主義」特質有關係。

日益顯著的消費文化遍及今日的臺灣文化：在村子裡，嶄新的房屋被蓋起來，而且如今幫它們裝設空調已是通例。不是只有年輕一代受到消費主義的影響。到國外旅遊如今已經很常見，尤其是在五十幾歲末到七十幾歲初的父母輩中。與這些旅行以及臺灣高度仰賴出口的經濟結構有關連的，是一般村民參與世界客屬總會（在 1991 年有 10 個村民加入，從那時至今有更多人加入），並出席每年於不同城市（及國家）舉辦的大會，在以這種形式重新詮釋傳統紐帶關係的基礎之上，獲得更多大量關於世界的知識；村民也在中國大陸的村莊裡捐助重建祖先宗祠，在歷史上他們的父系祖先當年從那些地方移居到臺灣。他們甚至捐助比在中國大陸更多經費，給在地或臺灣重要信仰中心的廟宇及節慶活動。社群信仰在這個脈絡之下蓬勃發展，縱使人們因為其他休閒性活動的增加，如今已經不像以往那樣踴躍參加宗教活動，但是在家中仍然虔誠拜祖先與神明，雖然不一定會參與廟會的儀式，但是一定會參與廟會的宴客辦桌。

　　考察我已經簡短地提及的這些改變對客家族群身分認同的影響，我注意到在現代化與全球化的脈絡之下，美濃客家族群身分被表達與加強的兩個發展。明顯偏好選擇「原本不住在當地的新娘」做為客家村的女性，可能一部分反映了共同語言的有利條件與便利性，但是在美濃的脈絡下，共享的語言是客家族群身分共同認同的主要構成要素。擁有世界客屬總會的會員資格或參加類似每年懇親大會的活動，都表達或加強一種更純粹的族群身分認同，這種認同奠基於一種優先的共同性，這使得在地社群的界線讓位給語言或其他諸如此類可以讓一個人被稱為「全球客家人」的特質。我們可以說美濃與世界客屬總會的關係密切：甚至，在政治上深具影響力且出生於美濃的子弟擔任過該組織的理事長。

　　著名的客家山歌與其他形式的藝術表達，確實可說廣泛地為客語使用者所共享，但是就我所知，並沒有研究調查山歌表演分布與客語分布之間的關連。不論這些藝術表達形式與客語的分布情形如何，它們都已經普遍到被廣泛地認為足以成為客家族群身分認同的指標，以及廣泛文學的主題。然而，不論是由多少世界性或至少廣泛地共享的特質形塑客家族群身分認同，客家國際主義會反過來影響在地社群。一旦族群身分認同全球化之後，各個區域客家人的習俗習慣與儀式等地方色彩，被賦予更多的重要性，並因此成為客家族群身分的標誌。以現今的美濃為例，客家與美濃這兩個詞幾乎可以交換使用，或如同在「美濃客家菜」中被當作複合字。在美濃的眾多博物館與展館摺頁單張和網路媒體中，都不斷重覆訴說著美濃人是客家人的事實。當我第一次進行田野調查時，老一輩的男性與女性仍穿著清代風格的服飾，而這被認為是美濃文化社群的符號表徵：這個說法就婦女的長禮服（藍衫）而言很真實，因為這個服飾從清朝時期起，經過日本殖民時代，一直到後日本殖民的年代。但是再說一次，這個文化美濃的表徵無法與美濃客家表徵分離。美濃的地方色彩還包含相對晚近的產品，例如美濃著名的傘，或甚至更晚引進的陶藝。除了這些之外，是美濃廣受喜愛的觀光景點，例如美濃客家文化村，就有效地將美濃與客家文化及身分認同融合在一起。也許真的可以說，因為歷史上的原因，這種融合在地社

群與全球化的族群身分認同，美濃比起其他客家區域發展得更完整牢固。但是就客家族群身分而言，大多數被宣稱是客家文化的具體內涵，各個區域都有不同的變化，而這確實看起來大致如此。因此梅縣著名的圍屋世系建築，被認為是客家也是在地特色；更著名但非常不同的福建客家區域土樓世系堡壘，也被認為既是客家也是在地特色。因此，許多不同客語區著名的地方色彩提供且豐富了客家族群身分的內涵。當然，這在很大程度上與觀光產業、在地社群及其菁英與政治領袖的努力有關，為了要吸引觀光客的消費。然而，這種全球化客家族群身分的影響之一，是將在地合併進全球，仍然是個矛盾的事實。

為了尋找除了語言之外可以定義一般客家特色的要素，有個例子常常被提及，那就是在帝國時期客家女性的地位被認為比其他中國漢人來得高。客家女性通常被認為沒有纏足，這無疑地不僅僅是基於印象式的資料，而且是有數字統計根據，至少在臺灣，因為日本時代戶籍資料顯示，在被認為是「廣東人」中幾乎普遍缺乏纏足的記錄，但是在那些被登記為「福建人」的女性中纏足卻非常盛行。然而，在廣東及福建省某些較大的客家城鎮裡非常富裕的家庭中，女性仍有纏足，但是相對於整個客家族群其比例微乎其微。無論如何，因為在中國與臺灣，各地的纏足習俗已經消失，尤其是在臺灣，隨著女性地位與婚姻模式的巨大改變，過去較高的女性地位在歷史上可以被視為是客家特色的要素，如今與客家身分有所關聯的，比較是轉變為文化資產的共享傳統，而這提供了一個我稱之為主動族群性的例子。如同我們之前所見，人口外移與現代化是緊密關連的。一般來說，這個過程在臺灣農村很常見，更不用說是在中國及許多世界其他地方。所以在客家族群身分中，不太討論或描述當代家庭生活的情形並不令人驚訝。然而改變中的家庭模式以及人口外移，改變中的婚姻模式以及擇偶，對這個族群身分確實都有深遠的影響。所有這些力量都在促進一種朝向主流文化同化的過程，那些覺得成為客家人是一件主動族群性之事的人並不樂見此過程，因為對他們而言，外移人口進入都市環境後客語就會讓位給多數人使用的語言。在中國與臺灣，穩定的雙語主義是擁有大量人口

的地區（例如上海或廣州）之特徵。對於分散居住於都市地區中的客語使用者而言，如果雙語主義不包含客語，跨代的語言保存會有很大的問題。當今的臺灣其特徵在於日益活躍的主動客家族群性，而正是在這個脈絡之下，越來越多人努力希望藉由正式教育來確保語言傳承。

　　在客語是弱勢語言的都市環境中當一個客家人，也意謂著在缺乏地方特色的情形之下當一個客家人，而我們之前已經看到這些地方特色對定義一個客家族群性是如此重要。美濃的地方特色合併成為一個更大的文化組合，再加上客語，共同給予客家人認同與意義。語言和地方特色不容易轉移到都市環境，所以無法提供同樣的文化覆蓋範圍，尤其無法代代延續。長遠來看，我認為要有完整的客語雙語主義才能確保客家族群身分認同的延續。這意謂著在地客語使用者人口的延續，因此也是我們之前看過對客家族群身分如此重要的地方特色之延續。現在的情形似乎並沒有對整體客家族群身分的延續構成威脅，因為在中國有客家在地族群分布，在臺灣也有客語使用者飛地〔聚落〕，只是在臺灣的客語使用者比較容易受到語言同化力量的影響。不過，「客語—北京官話」雙語主義將在更大的中國漢人脈絡中持續定義出一個族群團體。大多數，如果不是全部的其他「北京官話（國語）—其他中國方言或語言」之雙語主義形式，都不是與族群團體有關，而是與更大的中國政治實體中之常住人口有關，例如廣東人或上海人，而他們未來的特性仍有待觀察。同時，可以確定的是，那些促進現代客家主動族群性的力量，將愈來愈聚焦於族群延續。

參考文獻

導論　我所理解的孔邁隆與其學術

洪謙 1990《邏輯經驗主義論文集》。香港：三聯書店有限公司。

美濃愛鄉文教基金會 2014《回望二十世紀的美濃》。高雄：高雄市政府客家事務委員會。

香港中文大學 2011《圖書館通訊》72。

馬文‧哈里斯（Marvin Harris）1989《文化唯物主義》。北京：華夏出版社。

許烺光 2000《許烺光著作集》。臺北：南天書局有限公司。

焦大衛 2012《神、鬼、祖先：一個臺灣鄉村的民間信仰》。臺北：聯經出版事業股份有限公司。

1997 Framed Anthropology, Record 22(15). Columbia University published.

Arensberg, Conrad M. & Niehoff, Arthur H. 1971 Introducing Social Change: A Manual for Community Development. Chicago: Aldine Publishing Company.

Comitas, Lambros 1999 "Remembering Cornelius Wright Arensburg," Cultural Equity Journal. Retrieved from http://www.culturalequity.org/alanlomax/ce_alanlomax_profile_arensburg.php

Freedman, Mauric 1966 Chinese Lineage and Society: Fukien and Kwangtung. London: Athlone Press.

Freedman, Maurice ed. 1970 Family and Kinship in Chinese Society. California: Stanford University Press.

Pasternak, Burton 1983 Guests in the Dragon: Social demography of a Chinese district 1895-1946. New York: Columbia University Press.

Topley, Marjorie & Jean DeBernardi 2011 Cantonese Society in Hong Kong and Singapore. Hong Kong: Hong Kong University Press.

清治臺灣瀰濃客家家庭的社經差異研究：以歷史人類學視野論南臺灣客家社會

Cohen, Myron L.　1969　"Agnatic Kinship in South Taiwan." Ethnology 8 (2): 167-182.

Cohen, Myron L.　1993　"Shared Beliefs: Corporations, Community and Religion Among the South Taiwan Hakka During Ch'ing." Late Imperial China 14 (1): 1-33.

Cohen, Myron L.　1999　"Minong's Corporations: Religion, Economy and Local Culture in 18th and 19th Century Taiwan." In Hsu, Cheng-Kuang & Lin, Mei-Rong, eds., Anthropological Studies in Taiwan: Empirical Research, pp. 23-290. Taipei: Academia Sinica, Institute of Ethnology.

瀰濃的法人：18 和 19 世紀臺灣的宗教、經濟與地方文化

林嘉書、林浩　1922《客家土樓與客家文化》。臺北：博遠出版有限公司。

黃釗　1880[1970]《石窟一徵（鎮平縣誌）》。臺北：臺灣學生書局有限公司。

黃漢民　1994《福建土樓》，二冊。臺北：漢聲雜誌社。

萬幼楠　1997〈贛南圍屋及其成因〉，《客家研究輯刊》1：86-100。

廣東蕉嶺程官部黃式家譜編委會　1919《廣東蕉嶺程官部黃氏家譜》。

蕉嶺地方誌編纂委員會　1992《蕉嶺縣誌》。廣州：廣東人民出版社。

鍾進添、馮阿水主編　1971《鍾氏大族譜》。臺中：創譯出版社。

Appadurai, Arjun ed.　1986　The Social Life of Things : Commodities in Cultural Perspective. Cambridge: Cambridge University Press.

Cedzich Ursula-Angelika　1985　"Wu-T'ung: Zur bewegten Geschichte eine Kultes." In Naundorf, G., Pohl, K. & Schmit, H. eds., Religion und Philosophic in Ostasien: Festschrift für Hans Steininger. Würzburg: Königshausen und Neumann.

Cedzich Ursula-Angelika 1995 "The Cult of the Wu-T'ung/ Wu-Hsien in History and Fiction: The Religious Roots of Journey to the South." In Johnson, David ed., Ritual and Scripture in Chinese Popular Religion. Berkeley: Chinese Popular Culture Project.

Chuang, Ying-Chang 1985 "The Formation and Characteristics of Taiwanese Lineage Organization." In Chiao, Chien ed., Proceeding of the Conference on Modernization and Chinese Culture, pp.207-220. Hong Kong: Chinese University of Hong Kong.

Cohen, Myron L. 1976 House United, House Divided: The Chinese Family in Taiwan. New York: Columbia University Press.

Cohen, Myron L. 1985 "Lineage development and the family in China." In Hsieh, Jih-Chang & Chuang, Ying-Chang eds., The Chinese Family and Its Ritual Behavior, pp. 210-218. Taipei: Institute of Ethnology, Academia Sinica.

Cohen, Myron L. 1993 "Cultural and Political Inventions in Modern China: The Case of the Chinese 'Peasant'." Daedalus 122(2): 151-170.

Cohen, Myron L. 1993 "Shared Beliefs: Corporations, Community and Religion Among the South Taiwan Hakka During Ch'ing." Late Imperial China 14 (1): 1-33.

Glahn, Richard von 1991 "The Enchantment of Wealth: The God Wutong in the Social History of Jiangnan." Harvard Journal of Asiatic Studies 51(2): 651-714.

Parry, Jonathan & Bloch, Maurice eds. 1989 Money and the Morality of Exchange. Cambridge: Cambridge University Press.

Pasternak, Burton 1972 Kinship and Community in Two Chinese Villages. Stanford: Stanford University Press.

Rowe, William T. 1992 "Women and the Family in Mid-Qing Social Thought: The Case of Chen Hong." Late Imperial China 13 (December): 1-41.

Scott, James C. 1979 The Moral Economy of the Peasant: Rebellion and Subsistence in Asia. New Haven: Yale University Press.

Shepherd, John Robert 1993 Statecraft and Political Economy on the Taiwan Frontier, 1600-1800. Stanford: Stanford University Press.

Szonyi, Michael 1997 "The Illusion of Standardizing the Gods: The Cult of the Five Emperors in Late Imperial China." Journal of Asian Studies 56(1): 113-135.

Yang, Ch'ing-K'un 1961 Religion in Chinese Society: A Study of Contemporary Social Functions of Religion and Some of Their Historical Factors. Berkeley: University of California Press.

共享的信仰：清代南臺灣客家人的法人（嘗會）、社群與宗教

Ahern, Emily Martin 1976 "Segmentation in Chinese Lineages: A View Through Written Genealogies." American Ethnologist 3(1): 1-16.

Appadurai, Arjun, ed. 1986 The Social Life of Things: Commodities in Cultural Perspective. Cambridge: Cambridge University Press.

Baker, Hugh D. R. 1968 A Chinese Lineage Village: Sheung Shui. Stanford: Stanford University Press.

Chou, Tsung-Hsien 1983 T'ai-wan ti min-chien tsu-chih (Popular Organizations of Taiwan). Taipei: Yu-shih wen-hua shi-yeh kung-ssu.

Chuang, Ying-Chang 1989 "Lineage Organization on the Taiwan Frontier." In Chang, Kwang-Chih, Li, Kuang-Chou, Wolf, Arthur P., & Yin, Alexander Chien-Chung eds., Anthropological Studies of the Taiwan Area: Accomplishments and Prospects. Taipei: Department of Anthropology. National Taiwan University.

Chung, Jen-Shou ed. 1973 Liu-tui K'o-chia hsiang-t'u-chih (Local History of the Six Units Hakka). Nei-p'u, Taiwan: Ch'ang-ch'ing.

Cohen, Myron L. 1969 "Agnatic Kinship in South Taiwan." Ethnology 8(2): 167-182.

Cohen, Myron L. 1976 House United, House Divided: The Chinese Family in Taiwan. New York: Columbia University Press.

Cohen, Myron L. 1990 "Lineage Organization in North China." Journal of Asian Studies 49(3): 509-534.

Cohen, Myron L. 1993 "Cultural and Political Inventions in Modern China: The Case of the Chinese 'Peasant'." Daedalus 122(2): 151-170.

DeGlopper, Donald R. 1977 "Social Structure in a Nineteenth-century Taiwanese Port City." In Skinner, G. W. ed., The City in Late Imperial China. Stanford: Stanford University Press.

Duara, Prasenjit 1988 Culture, Power, and the State: Rural North China, 1900-1942. Stanford: Stanford University Press.

Eberhard, Wolfram 1962 Social Mobility in Traditional China. Leiden: E. J. Brill.

Ebrey, Patricia Buckley & Watson, James L. 1986 Kinship Organization in Late Imperial China, 1000-1940. Ebrey, P. B. & Watson, J. L. eds. Berkeley: University of California Press.

Freedman, Maurice 1958 Lineage Organization in Southeastern China. London School of Economics Monographs on Social Anthropology, vol. 18. London: Athlone Press.

Freedman, Maurice 1966 Chinese Lineage and Society: Fukien and Kwangtung. London School of Economics Monographs on Social Anthropology, vol. 27. London: Athlone Press.

Fried, Morton H. 1966 "Some Political Aspects of Clanship in a Modern Chinese City." In Swartz, M. J., Turner, V. W., & Tuden, A. eds., Political Anthropology. Chicago: Aldine.

FSTFT 1960 [1894] Feng-shan hsien ts'ai-fang ts'e (Records of the Investigation of

Feng-shan County). In Lu, Te-Chia ed., T'ai-wan wen-hsien ts'ung-k'an, no. 73, vol. 1. Taipei: T'ai-wan yin-hang.

Fukutake, Tadashi 1967 Asian Rural Society: China, India, Japan. Seattle: University of Washington Press.

Gardella, Robert 1992 "Squaring Accounts: Commercial Bookkeeping Methods and Capitalist Rationalism in Late Qing and Republican China." Journal of Asian Studies 51(2): 317-339.

Groves, Robert C. 1969 "Militia, Market, and Lineage: Chinese Resistance to the Occupation of Hong Kong's New Territories in 1899." Journal of the Hong Kong Branch of the Royal Asiatic Society 9: 31-64.

Hayes, James W. 1977 The Hong Kong Region, 1850-1911: Institutions and Leadership in Town and Countryside. Hamden, CT: Archon Books.

Huang, Shun-Erh 1975 "Wan-hua ti-ch'ü ti tu-shih fa-chan" (The Urban Development of Wan-hua District). Bulletin of the Institute of Ethnology, Academia Sinica 39: 1-19.

Kokusei 1937 Shōwa 10 nen kokusei chōsa kekka hyō (Census of 1935, Statistical Tables). Taipei: Taiwan Sōtokufu.

Kuhn, Philip A. 1970 Rebellion and Its Enemies in Late Imperial China: Militarization and Social Structure, 1796-1864. Cambridge, MA: Harvard University Press.

Lamley, Harry J. 1981 "Subethnic Rivalry in the Ch'ing Period." In Ahern, E. M. & Gates, Hill eds., The Anthropology of Taiwanese Society. Stanford: Stanford University Press.

Mao, Zedong 1990 Report from Xunwu. Translated and edited by Roger R. Thompson. Stanford: Stanford University Press.

Meskill, Johanna M. 1970 "The Chinese Genealogy as a Research Source." In Freedman, Maurice ed., Family and Kinship in Chinese Society. Stanford: Stanford University Press.

MSHT 1970 [Peking: 1930] Min-shang-shih hsi-kuan tiao-ch'a pao-kao Iu (Record of Reports on Customary Civil and Commercial Law). Taipei: Ku-t'ing shuchü.

Parry, Jonathan & Bloch, Maurice eds. 1989 Money and the Morality of Exchange. Cambridge: Cambridge University Press.

Pasternak, Burton 1969 "The Role of the Frontier in Chinese Lineage Development." Journal of Asian Studies 28(3): 551-561.

Pasternak, Burton 1972 Kinship and Community in Two Chinese Villages. Stanford: Stanford University Press.

Pasternak, Burton 1983 Guests in the Dragon: Social Demography of a Chinese District, 1895-1946. New York: Columbia University Press.

Potter, Jack M. 1968 Capitalism and the Chinese Peasant: Social and Economic Change in a Hong Kong Village. Berkeley: University of California Press.

Potter, Sulamith Heins & Potter, Jack M. 1990 China's Peasants: The Anthropology of a Revolution. Cambridge: Cambridge University Press.

Rowe, William T. 1992 "Women and the Family in Mid-Qing Social Thought: The Case of Chen Hongmou." Late Imperial China 13(2): 1-41.

Sangren, P. Steven 1984 "Traditional Chinese Corporations: Beyond Kinship." Journal of Asian Studies 43(3): 391-415.

Sangren, P. Steven 1988 "History and the Rhetoric of Legitimacy: The Ma Tsu Cult of Taiwan." Comparative Studies in Society and History 30(4): 674-697.

Shepherd, John Robert 1993 Statecraft and Political Economy on the Taiwan Frontier, 1600-1800. Stanford: Stanford University Press.

Siu, Helen F. 1989 Agents and Victims in South China: Accomplices in Rural Revolution. New Haven: Yale University Press.

Skinner, G. William 1977 "Introduction: Urban and Rural in Chinese Society." In Skinner, G. W. ed., The City in Late Imperial China. Stanford: Stanford University Press.

Tai, Yen-Hui 1979 Ch'ing-tai T'ai-wan chih hsiang-chih (Rural Government in Taiwan During Ch'ing). Taipei: Lien-Ching.

TWNP 1966 T'ai-wan nan-pu pei-wen chi-ch'eng (Collected Stone Inscriptions from South Taiwan). T'ai-wan wen-hsien ts'ung-k'an, no. 218. Taipei: T'aiwan yin-hang.

Wang, Shih-Ch'ing 1974 "Religious Organization in the History of a Chinese Town." In Wolf, Arthur P. ed., Religion and Ritual in Chinese Society. Stanford: Stanford University Press.

Watson, James L. 1976 Emigration and the Chinese Lineage: The Mans in Hong Kong and London. Berkeley: University of California Press.

Watson, James L. 1977 "Hereditary Tenancy and Corporate Landlordism in Traditional China: A Case Study." Modern Asian Studies 11(2): 161-182.

Watson, James L. 1982 "Chinese Kinship Reconsidered: Anthropological Perspectives on Historical Research." China Quarterly 92: 589-622.

Watson, James L. 1985 "Standardizing the Gods: The Promotion of T'ien Hou ('Empress of Heaven') Along the South China Coast, 960-1960." In Johnson, D., Nathan, A. J. & Rawski, E. S. eds., Popular Culture in Late Imperial China. Berkeley: University of California Press.

Watson, Rubie S. 1985 Inequality Among Brothers: Class and Kinship in South China. New York: Cambridge University Press.

客家人或「客人」：試論在中國東南將方言做為社會文化變項

1865　Chinese and Japanese Repository 3: 281-284.

1899　Hong Kong, Government Printers.

1900　Papers laid before the Legislative Council of Hong Kong.

1900　Report on New Territories at Hong Kong. London: HMSO.

內政部　1947　《中華民國行政區域簡表》。上海：商務印書館。

徐松石　1939　《粵江流域人民史》。上海：中華書局。

徐松石　1946　《泰族壯族粵族考》。上海：中華書局。

實業部中國經濟年鑑編纂委員會　1935　《中國經濟年鑑，上，第一卷》。上海：商務印書館。

賴際熙等撰　1920　《赤溪縣志，八卷》。

謝國楨　1930　〈清初東南沿海遷界考〉。《國學季刊》2：797-826。

羅香林　1933　《客家研究導論》（英文標題：An Introduction to the Study of Hakkas in Its Ethnic, Historical, and Cultural Aspects）。新寧：西山書藏。

羅香林　1950　《客家源流考》。香港：崇真會。

Boardman, Eugene Powers　1952　Christian Influence upon the Ideology of the Taiping Rebellion, 1851-1864. Madison: University of Wisconsin Press.

Campbell, George　1912　"Origin and Migration of Hakkas." The Chinese Recorder 43: 473-480.

Chen, Han-Seng　1936　Landlords and Peasants in China, a Study of the Agrarian Crisis in South China. New York: International Publishers.

D'Estrey, H. Comte Meyners　1890　"Les Hakka et les Hoklo, L'autonomiedesvillages en Chine." Revue de Geographie 27: 29-35, 95-103.

Eitel, E. J.　1867　"Ethnographical sketches of Hakka Chinese." Notes and Queries on China and Japan 1: 49-50, 65-67, 81-83, 97-99, 113-114, 161-163.

Eitel, E. J.　1873　"An outline history of Hakkas." China Review 2: 160-164.

Eto, Shinkichi　1961　"Hai-lu-feng- the first Chinese Soviet government (Part 1)." The China Quarterly 1(8): 161-183.

Forrest, R. A. D. 1948 The Chinese Language. London: Faber and Faber.

Forrest, R. A. D. 1951 The Southern Dialect of Chinese. Appendix I of Victor Purcell, the Chinese in Southeast Asia, pp. 673-676. London: Oxford University Press.

Freedman, Maurice 1957 Chinese Family and Marriage in Singapore. London: HMSO.

Freedman, Maurice 1958 Lineage Organization in Southeast China. London: The Athlone Press, University of London.

Fried, Morton H. 1962 Kinship and Friendship in Chinese Society. Unpublished paper presented at the Seminar on Micro-Social Organization on China, Ithaca, New York, October 11-13.

Fuson, C. G. 1929 "The peoples of Kwangtung: their origin, migrations, and present distribution." Lingnan Science Journal 7: 5-22.

Hamberg, Theodore 1854 The Visions of Hung-Siu-Tshuen and Origin of the Kwang-si Insurrection. Hong Kong: China Mail Office.

Henry, B. C. 1886 Ling-Nam, or Interior Views of Southern China. London: S. W. Partridge and Company.

Ho, Ping-Ti 1962 The Ladder of Success in Imperial China. New York: Columbia University Press.（本書已於 2013 年 12 月由臺北：聯經出版事業股份有限公司，何炳棣著，徐泓譯注，書名《明清社會史論》）

Hsiao Kung-Chuan 1960 Rural China, Imperial Control in the Nineteenth Century. Seattle: University of Washington Press.

Hsieh T'ing-Yu 1929 "Origins and migrations of Hakkas." The Chinese Social and Political Science Review 13: 202-226.

Hu, Hsien-Chin 1948 The Common Descent Group in China and its Functions. New York: Viking Fund Publications in Anthropology.

Hubrig 1879 "Über die Hakka Chinesen." Verhandlungen der Berliner Gesellschaft für Anthropologie, Ethnologie und Urgeschichte II: 99-105. Ingrams, Harold 1952 Hong Kong. London: HMSO.

Kulp, Daniel Harrison 1925 Country Life in South China, the Sociology of Familism, Vol. I, Phoenix Village, Kwantung, China. New York: Teachers College, Columbia University.

Laai, Yi-Faai 1950 The Part Played by the Pirates of Kwangtung and Kwangsi Provinces in the Taiping Insurrection. Unpublished Doctoral Dissertation. Los Angeles: University of California.

Lechler, Rudolf 1878 "Hakka Chinese." The Chinese Recorder 9: 352-359.

LinYueh-Hwa 1948 The Golden Wing, A Sociological Study of Chinese Familism. New York, Oxford University Press.

Michael, Franz 1949 "Military Organization and Power Structure in China during the Taiping Rebellion." Pacific Historical Review 18(4): 469-483.

Oehler, Wilhelm 1922 Christian work among Hakka. In Stauffer, Milton T. ed., The Christian Occupation of China, pp. 351-353. Shanghai: China Continuation Committee.

Oehler, Wilhelm 1931 Wege Gottes in China, das Hakka Volk und die Basler Mission. Stuttgart und Basel: Evang. Missionverlag.

Oehler-Heimerdinger, Elisabeth n.d. Imfinstern Tal, Geschichten und Lieder aus China. (In the Dark Valley: Folktales and Songs from China) Basel: Verlag der Missionsbuchhandlung.

Paton, W. Bernard n.d. The 'Stranger People', A Story and a Challenge. London: The Religious Tract Society.

Piton, Charles 1870 "The Hia-k'ah in the Chekiang Province, and Hakka in the Canton Province." The Chinese Recorder and Missionary Journal 2: 218-220.

Piton, Charles 1874 "On the Origin and History of Hakkas." The China Review 2: 222-226.

Pratt, Jean A. 1960 "Migration and Unilineal Descent Groups: a Study of Marriage in a Hakka Village in New Territories, Hong Kong." The Eastern Anthropologists 13: 147-158.

Stanton, William 1900 The Triad or Heaven and Earth Association. Hong Kong: Kelly and Walsh.

Tregear, Thomas R. 1958 A Survey of Land Use in Hong Kong and New Territories. Hong Kong: Hong Kong University Press.

Vomel, Johann Heinrich 1914 "Der Hakka Dialekt." T'oung Pao, n.s. 14: 597-696.

Wales, Nym 1952 Red Dust. Stanford: Stanford University Press.

Wang, Hsing-Jui 1935 "Kwang-tung i-ko Nung-ts'un Hsien-chieh-tuan-ti Ching-chi She-hui." Shih-huo 3: 43-49.

Wiens, Herold J. 1954 China's March toward the Tropics. Hamden (Conn.): The Shoe String Press.

Yang, Ch'ing-K'un 1959 A Chinese Village in Early Communist Transition. Cambridge: The Technology Press.

建構客家認同與客家族群身分，以 1963-2008 在臺灣美濃所見為例

Cohen, Myron L. 1996 "The Hakka or 'Guest People': Dialect as a Sociocultural Variable in Southeast China." In Constable, Nicole ed., Guest People, pp.36-79. Seattle: University of Washington press.

Constable, Nicole 1994 Christian souls and Chinese spirits: a Hakka community in Hong Kong. Berkeley: University of Calif. Press.

Constable, Nicole ed. 1996 Guest People: Hakka Identity in China and Abroad. Seattle: University of Washington Press.

Constable, Nicole 1996 "Introduction: What Does It Mean to Be Hakka." In Constable, Nicole ed., Guest People, pp.3-35. Seattle: University of Washington press.

Erbaugh, Mary S. 1996 "The Hakka Paradox in the People's Republic of China: Exile, Eminence, and Public Silence." In Constable, Nicole ed., Guest People, pp.196-231. Seattle: University of Washington press.

He, Bingdi (Ho, Ping-Ti, 何炳棣) 1996 Zhongguo hui guan shi lun《中國會館史論》. Taipei: Student Book Store (Xuesheng Shuju 臺灣學生書局).

國家圖書館出版品預行編目（CIP）資料

孔邁隆教授美濃與客家研究論集 / 孔邁隆（Myron
　L. Cohen）作 ; 黃宣衛等譯. -- 初版. --
　高雄市 : 高市史博館, 2016.12-2017.01
　　冊 ; 公分. --（高雄研究叢刊 ; 第1種）
　　譯自 : House united, house divided : the
Chinese family in Taiwan
　　ISBN 978-986-05-1686-9（上冊 : 平裝）.--
ISBN 978-986-05-1950-1（下冊 : 平裝）

　1. 民族研究 2. 家庭 3. 客家 4. 臺灣

733.08　　　　　　　　　　　　　106000037

高雄研究叢刊　第 1 種

孔邁隆教授美濃與客家研究論集（下）：客家的法人經濟、宗教、語言與認同

作　　　者	孔邁隆（Myron L.Cohen）
編　　審	鍾秀梅
校　　訂	徐雨村
譯　　者	徐雨村、郭揚義、宋廷棟、賴伊凡
策畫督導	曾宏民
策畫執行	李旭騏、王興安
執行助理	許育寧、曾家琪

高雄史料集成編輯委員會
召 集 人　吳密察
委　　員　李文環、陳怡宏、陳計堯、楊仙妃、謝貴文

執行編輯　王珮穎、李麗娟
美術編輯　施于雯
封面設計　闊斧設計

發 行 人　楊仙妃
出版發行　行政法人高雄市立歷史博物館
地　　址　803 高雄市鹽埕區中正四路 272 號
電　　話　07-5312560
傳　　真　07-5319644
網　　址　http:/www.khm.org.tw

共同出版　巨流圖書股份有限公司
地　　址　802 高雄市苓雅區五福一路 57 號 2 樓之 2
電　　話　07-2236780
傳　　真　07-2233073
網　　址　http://www.liwen.com.tw
郵政劃撥　01002323 巨流圖書股份有限公司
法律顧問　林廷隆律師
登 紀 證　局版台業字第 1045 號

ISBN　978-986-05-1950-1（平裝）
GPN　1010600265
初版一刷　2016 年 12 月　　　　　　　　　　定價：260 元

Printed in Taiwan